Balades à vélo
à **Montréal**

Gabriel Béland

D1086290

ULYSSE

Auteur : Gabriel Béland
Contribution (extraits du guide Ulysse *Montréal*) : François Rémillard
Éditeur : Olivier Gougeon
Adjointe à l'édition : Nadège Picard
Correction : Pierre Daveluy
Conception graphique et mise en page : Pascal Biet
Photographies
Page couverture : le centre-ville de Montréal © iStockphoto.com/Alphonse Tran ;
quatrième de couverture : © Pascal Biet, © Société de vélo libre-service / BIXI.

Remerciements

Merci à la Ville de Montréal pour son aide dans l'élaboration des cartes géographiques, ainsi qu'à Bérengère Thériault de la Société de vélo libre-service pour sa collaboration.

Guides de voyage Ulysse reconnaît l'aide financière du gouvernement du Canada par l'entremise du Programme d'aide au développement de l'industrie de l'édition (PADIÉ) pour ses activités d'édition.

Guides de voyage Ulysse tient également à remercier le gouvernement du Québec – Programme de crédit d'impôt pour l'édition de livres – Gestion SODEC.

Note aux lecteurs

Tous les moyens possibles ont été pris pour que les renseignements contenus dans ce guide soient exacts au moment de mettre sous presse. Toutefois, des erreurs peuvent toujours se glisser, des omissions sont toujours possibles, des adresses peuvent disparaître, etc. ; la responsabilité de l'éditeur ou des auteurs ne pourrait s'engager en cas de perte ou de dommage qui serait causé par une erreur ou une omission.

Écrivez-nous

Nous apprécions au plus haut point vos commentaires, précisions et suggestions, qui permettent l'amélioration constante de nos publications. Il nous fera plaisir d'offrir un de nos guides aux auteurs des meilleures contributions. Écrivez-nous à l'une des adresses suivantes, et indiquez le titre qu'il vous plairait de recevoir.

Guides de voyage Ulysse
4176, rue Saint-Denis, Montréal (Québec), Canada H2W 2M5, www.guidesulysse.com, texte@ulysse.ca

Les Guides de voyage Ulysse, sarl
127, rue Amelot, 75011 Paris, France, voyage@ulysse.ca

Guides de voyage Ulysse est membre de l'Association nationale des éditeurs de livres.

Catalogage avant publication de Bibliothèque et Archives nationales du Québec et Bibliothèque et Archives Canada

Béland, Gabriel, 1981-
  Balades à vélo à Montréal
  (Espaces verts)
  Comprend un index.
  ISBN 978-2-89464-784-4 (version imprimée)

  1. Cyclotourisme - Québec (Province) - Montréal - Guides. 2. Pistes cyclables - Québec (Province) - Montréal - Guides. I. Titre. II. Collection: Espaces verts Ulysse.
GV1046.C32M6 2010   796.6'40971428   C2009-941718-9

© Guides de voyage Ulysse inc.
Tous droits réservés
Bibliothèque et Archives nationales du Québec
Dépôt légal – Deuxième trimestre 2010
ISBN 978-2-89464-784-4 (version imprimée)
ISBN 978-2-89665-348-5 (version numérique)
Imprimé au Canada

100%
Ce livre a été imprimé sur du papier 100% postconsommation traité sans chlore, accrédité Éco-Logo et fait à partir de biogaz.

Sommaire

Introduction   6

Belles balades   11

Montréal la bourgeoise :
  les hauts et les bas de Westmount et Outremont   12
À la montagne   19
À Saint-Lambert, entre deux ponts   28
La ville aux cent clochers   34
Le tour de Montréal à travers ses marchés   44

Balades atypiques   51

Montréal créatif   52
Montréal ouvrier   60
À travers les quartiers tranquilles de NDG et Hampstead   69
Entre parcs et ruelles, au cœur du Plateau   75

Balades pour prendre l'air   85

Le grand fleuve   86
Jusqu'au bout de l'île, le long de la paisible rivière des Prairies   92
La campagne à Montréal : les îles de Boucherville   102
La Voie maritime   108
À la plage au Cap-Saint-Jacques !   114
À Oka, au gré des bois   120

Index   126
L'auteur   127

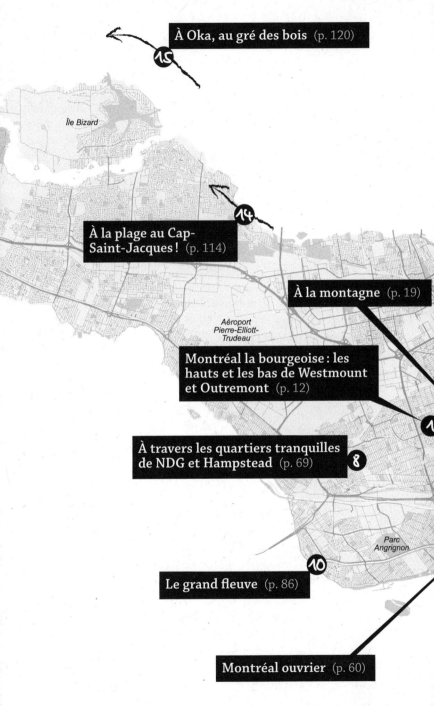

À Oka, au gré des bois (p. 120)

15

Île Bizard

À la plage au Cap-Saint-Jacques ! (p. 114)

14

À la montagne (p. 19)

Aéroport Pierre-Elliott-Trudeau

Montréal la bourgeoise : les hauts et les bas de Westmount et Outremont (p. 12)

À travers les quartiers tranquilles de NDG et Hampstead (p. 69)

8

Parc Angrignon

10

Le grand fleuve (p. 86)

Montréal ouvrier (p. 60)

Repérage des balades

Jusqu'au bout de l'île, le long de la paisible rivière des Prairies (p. 92)

11

Montréal créatif (p. 52)

Entre parcs et ruelles, au cœur du Plateau (p. 75)

Parc Jarry

Parc Maisonneuve

12

La campagne à Montréal : les îles de Boucherville (p. 102)

Mont Royal

9

5

2

6

4

Centre-ville

La tour de Montréal à travers ses marchés (p. 44)

Parc Jean-Drapeau

7

La ville aux cent clochers (p. 34)

3

Île des Sœurs

À Saint-Lambert, entre deux ponts (p. 28)

13

La Voie maritime (p. 108)

Introduction

Il y a quelques années encore, dans la plupart des villes, les cyclistes avaient une drôle de réputation. La question était irrésolue: devait-on les considérer comme des visionnaires ou comme des illuminés? Ils cheminaient dans des environnements entièrement dédiés à la voiture. Ils devaient chaque jour justifier leur présence sur les routes auprès d'automobilistes impatients. Ils allaient contre l'air du temps.

Mais le vent a tourné, et il est désormais clair que les cyclistes d'hier étaient des visionnaires. Les villes cherchent désormais à tout prix à réduire l'emprise de la voiture. De Paris à New York en passant par Delhi, de plus en plus de mégapoles se dotent de politiques agressives en faveur du vélo. Dans la compétition féroce que se livrent les villes, on a même vu naître des palmarès de «villes cyclables». Dans chacun de ceux-là, Montréal est dans le peloton de tête. La métropole québécoise est même devenue, aux côtés de Portland en Oregon, la ville cyclable par excellence en Amérique du Nord.

Un guide pour découvrir la ville

Avec cet engouement croissant pour le vélo, les cyclistes du dimanche ne se contentent plus de la campagne. Désormais, le vélo est aussi une manière d'explorer la ville. Voilà justement ce que ce guide cherche à faire : donner envie d'enfourcher sa bicyclette pour découvrir, ou redécouvrir, Montréal et ses environs. Nous avons cherché dans ces 15 parcours l'équilibre entre le centre et la périphérie, entre les lieux inusités et les classiques, entre le plaisir de rouler et celui de s'arrêter pour casser la croûte ou visiter un lieu historique. Il y en a pour tous les goûts.

Le guide est divisé en trois sections.

▶ Les **belles balades** sont des parcours incontournables pour qui veut rouler à Montréal tout en découvrant des lieux emblématiques de la ville.

▶ Les **balades atypiques** passent par des quartiers où les cyclistes n'ont pas coutume d'aller. Elles intègrent aussi des aspects urbanistiques et culturels qui permettent de jeter un second regard sur la ville.

▶ Les **balades pour prendre l'air** proposent aux cyclistes de quitter la ville pour aller rouler dans la périphérie de Montréal et son cadre enchanteur.

Choisir ses balades

Toutes les balades de ce guide sont accessibles aux cyclistes occasionnels. Pas besoin d'être un athlète, ou un «gros rouleur» pour les parcourir, loin de là ! Bien sûr, si vous n'avez pas roulé depuis des lunes, choisissez les plus faciles pour commencer. Vous pourrez ainsi jauger votre forme et vos capacités.

On indique pour chaque parcours le niveau de difficulté et la durée estimée. Bien sûr, ces notes sont à titre indicatif : une balade peut être facile pour un cycliste, et difficile pour un autre qui est moins en jambes ; elle peut prendre deux heures à l'un et quatre à l'autre, qui décide d'arrêter dans un restaurant ou de visiter un lieu.

Nous avons toutefois tenté de donner un ordre de grandeur afin de comparer les balades entre elles. Un parcours qualifié de «petits mollets», par exemple, est dans la plupart des cas relativement court et plat. Un parcours qui est soit pentu ou long sera qualifié de «moyens mollets». Finalement, un parcours long et pentu, ou simplement très long, porte la mention «gros mollets».

La durée de la balade est toute relative. Nous avons toutefois calculé comme base une allure de 15 km/h. Après, les variations dépendent du temps que chacun prend hors de selle. Dans une balade patrimoniale, par exemple, on peut passer autant de temps à pied qu'à vélo. À vous de choisir ce qui vous intéresse dans chaque balade, et de décider si vous voulez filer à toute allure ou plutôt flâner au gré des découvertes que propose ce guide.

15 balades pour tous les goûts !

Sortir des pistes cyclables

... et éviter les embouteillages de cyclistes!

Montréal compte plus de 500 km de pistes cyclables. Certaines d'entre elles sont superbes, pratiques et bien faites : *Time Magazine* a d'ailleurs nommé l'une d'elles dans son palmarès mondial des plus beaux parcours urbains (voir la balade «Le grand fleuve», p. 86). D'autres sont toutefois moins réussies. Voilà pourquoi les balades de ce guide empruntent parfois des rues parallèles plutôt que les pistes cyclables. De plus, se limiter aux seules pistes aurait privé les cyclistes de trajets tout à fait charmants. Certaines rues peu passantes sont en effet parfaites pour rouler, et vous en trouverez plusieurs répertoriées dans ce guide.

Notez qu'il existe trois types de voies cyclables à Montréal : les **chaussées désignées**, les **bandes cyclables** ainsi que les **pistes cyclables**. Nous parlons invariablement de «pistes cyclables» dans ce guide, histoire de ne pas confondre les lecteurs : les chevrons devenant souvent avec les années des bandes, et les bandes, des pistes...

Des règles à suivre

Le Code de la sécurité routière, c'est pour tout le monde...

À Montréal, il est permis de rouler à vélo dans toutes les rues. Dans chacune d'entre elles, les cyclistes devraient se sentir en sécurité. Bien sûr, comme à pied ou en voiture, il faut à vélo respecter certaines règles, d'abord pour sa propre sécurité et celle des autres, mais aussi afin de préserver une saine harmonie entre tous les usagers de la route. Voici les principales règles :

- ▶ respecter le sens de la circulation ;
- ▶ respecter les feux de circulation et les signes d'arrêt ;
- ▶ garder la droite ;
- ▶ munir son vélo de lumières clignotantes la nuit ;
- ▶ signaler de la main avant de tourner (exigé par la loi, mais peu respecté).

Au Québec, le casque n'est pas obligatoire à vélo, mais nous vous conseillons néanmoins de le porter, car il est le seul moyen de prévenir les blessures à la tête, parfois fatales.

Un projet de loi pour obliger le port du casque chez les enfants de moins de 12 ans est à l'étude. Mais si le passé est garant du futur, les groupes de cyclistes pourraient parvenir à le faire avorter.

Le vélo dans le métro

Pratique!

Toutes les balades proposées dans ce guide commencent et finissent à proximité d'une station de métro, ce qui peut s'avérer fort pratique. Les vélos sont en effet admis dans le métro hors des heures de pointe en semaine (de 10 h à 15 h et après 19 h) et toute la journée la fin de semaine. Les cyclistes doivent en tout temps monter dans le wagon de tête. Vous pouvez donc gagner un peu de temps si une balade vous intéresse, mais que vous êtes loin de son point de départ.

Malgré les demandes répétées des utilisateurs, les autobus de la Société de transport de Montréal (STM) ne sont pas équipés de porte-vélos. La STM assure toutefois qu'un projet pilote est prévu pour l'été 2010.

Montréal est *bixi*.

L'apparition à l'été 2009 de 3 000 vélos en libre-service à Montréal a dépassé toutes les attentes. Le succès a été tel que la Ville a dû devancer l'installation des stations de la deuxième phase du projet. Quelque 400 stations et 5 000 vélos sont maintenant disponibles dans huit arrondissements montréalais. Une carte des stations du réseau est disponible, et l'on peut également la consulter sur le site internet de BIXI (www.bixi.com).

Le principe du BIXI (514-789-2494) est fort simple : l'utilisateur n'a qu'à trouver un vélo disponible à une station, rouler et retourner le vélo à une autre station. Le coût de la location est établi selon un principe double : celui de l'abonnement et du temps d'utilisation. Simples, rapides et économiques, des abonnements annuels (78 $) et mensuels (28 $) sont disponibles. L'**accès 24 heures**, quant à lui, coûte 5 $ et donne droit à un nombre illimité de déplacements pour cette période. L'utilisateur n'a qu'à insérer sa carte de crédit dans la borne et le tour est joué. À chaque déplacement, les **30 premières minutes** sont toujours **incluses**. Les frais d'utilisation ne s'appliquent que pour les déplacements plus longs : 1,50 $ de 31 à 60 minutes, 3 $ de 61 à 90 minutes et 6 $ pour chaque demi-heure supplémentaire. Ainsi, une utilisation continue d'une durée de 1h30 coûtera 5 $ + 4,50 $ en frais d'utilisation, alors que 3 heures coûteront 5 $ + 22,50 $.

Le BIXI est donc conçu pour effectuer un nombre de déplacements illimité, mais de courte durée. Pour visiter Montréal, se rendre au boulot, faire des courses, aller au musée ou rejoindre des amis sans souci, BIXI est sans aucun doute un mode de transport actif, économique et écologique à privilégier ! Parmi les 15 balades proposées dans ce guide, 8 d'entre elles peuvent aisément être parcourues en BIXI. Il suffit de repérer les stations BIXI près du point de départ de la balade et le long du parcours, puis de partir explorer Montréal ! Nous avons identifié au début de chacune des balades celles qui sont totalement ou partiellement accessibles en BIXI. Vous pourrez, à votre rythme, vous arrêter et repartir au gré de nos suggestions ou de vos découvertes.

Apprivoiser l'hiver

Pour être en bonne santé toute l'année !

Le vélo a trois saisons à Montréal, et l'hiver n'est pas l'une d'elles... Entre novembre et avril, la plupart des pistes cyclables sont fermées, les ponts qui relient Montréal à sa banlieue sont interdits aux vélos, et le réseau Bixi est mis en veille. Rouler l'hiver est difficile : il fait froid, très froid, et le sol est parfois glissant ou couvert d'une neige épaisse. Par ailleurs, l'hiver est impitoyable pour les vélos, et les laisse souvent rouillés s'ils ne sont pas bien huilés.

Alors, pourquoi rouler l'hiver ? Quiconque a déjà parcouru une rue montréalaise couverte d'une belle neige fraîche, alors que de gros flocons tombaient du ciel, sait à quel point rouler l'hiver est une expérience unique. D'ailleurs, depuis quelques années, on voit à Montréal de plus en plus de cyclistes l'hiver. La Ville a même accepté de déneiger certaines pistes cyclables afin qu'elles soient ouvertes toute l'année (pistes de la rue Berri et du boulevard De Maisonneuve, entre autres). Des cyclistes de la Rive-Sud sont aussi partis en croisade pour que la piste cyclable du pont Jacques-Cartier soit déneigée. Sans aucun doute, les cyclistes montréalais ont décidé d'apprivoiser l'hiver.

Néanmoins, les parcours dans ce guide sont conçus pour le printemps, l'été et l'automne : les pistes cyclables et les ponts qu'ils empruntent sont pour la plupart fermés l'hiver.

Un frein mal ajusté ?
Une roue voilée ?

Montréal compte des dizaines de bonnes boutiques de vélos, doublées d'ateliers de réparation. Voici quelques adresses recommandables aux quatre coins de la ville :

- **ABC Cycles** (5584 av. du Parc, 514-276-1305)
- **Dumoulin Bicyclettes** (651 rue Villeray, 514-272-5834)
- **Cycle Pop** (1000 rue Rachel E., 514-526-2525)
- **Pignon sur roues** (1308 av. du Mont-Royal E., 514-523-6480)
- **Vélomane** (3898 rue Hochelaga, 514-259-7606)
- **Centre du vélo McWhinnies** (6010 rue Sherbrooke O., 514-481-8891)

À garder sous la main

Lors de longues balades à vélo, mieux vaut transporter un nécessaire pour crevaison avec soi : une pompe portative, une chambre à air ou un emplâtre de réparation et des démonte-pneus. Avec tout cela, vous serez en mesure de reprendre la route si un pneu tombait à plat.

N'oubliez pas d'apporter un cadenas avec vous. Le vol de vélos est malheureusement répandu à Montréal, et vous trouverez utile de pouvoir verrouiller votre bicyclette afin d'aller manger ou même simplement pour aller acheter de l'eau dans un dépanneur.

Pour que faire du vélo reste un plaisir...

1 *Belles balades*

Montréal la bourgeoise :
les hauts et les bas de Westmount
et Outremont   12

À la montagne   19

À Saint-Lambert, entre deux ponts   28

La ville aux cent clochers   34

Le tour de Montréal
à travers ses marchés   44

Montréal
la bourgeoise :
les hauts et les bas de
Westmount et Outremont

›·· 10 km
⏱ 2 heures
🚲 Moyens mollets

Partiellement accessible en **bixi**.

Elles se regardent en chiens de faïence depuis près de 150 ans : Outremont la franco et Westmount l'anglo. Deux bourgeoises bien assises sur la montagne, « leur » montagne. Cette balade emprunte les chemins de traverse de ces quartiers cossus où il fait bon rouler. Mais attention, vous paierez de vos mollets cette incursion à Montréal la bourgeoise. Et rappelez-vous, pour vous remonter le moral, que tout ce qui monte redescend.

Itinéraire   *À partir de l'intersection des avenues du Parc et du Mont-Royal, en passant par le chemin de la Côte-Sainte-Catherine, le Haut-Outremont, le secteur de l'Université de Montréal, Westmount, la rue Sherbrooke, jusqu'à Westmount Square (métro Atwater).*

Le premier coup de pédales se donne à l'intersection des avenues du Parc et du Mont-Royal (1 km à l'ouest de la station de métro Mont-Royal). Ce coin est au croisement de trois quartiers – le Plateau, le Mile-End et Outremont –, en plus de donner sur le magnifique parc du Mont-Royal. Avant de partir, n'hésitez pas à garnir votre sac de quelques provisions. La **boulangerie Kouing Amman** *(322 av. du Mont-Royal E.)* vaut le détour. Une épicerie **Provigo** est aussi tout proche *(50 av. du Mont-Royal O.)*.

1 ▶ ***Empruntez l'avenue du Mont-Royal vers l'ouest**,
puis **tournez à droite dans le chemin de la Côte-
Sainte-Catherine**. Vous voilà à Outremont. À l'angle de
l'avenue Laurier se trouve l'**avenue Bloomfield : prenez-
la à droite**.*

*Ne vous
laissez pas
intimider par
la circulation
dense au pied
du mont Royal*

Outremont est un quartier qui, comme Westmount, s'est accroché au
flanc de la montagne et a accueilli au fil de son histoire une population
aisée. Repère de la bourgeoisie francophone, Outremont a cessé d'être
une ville en 2002, date à laquelle elle est devenue un arrondissement
de Montréal. Les rues y sont particulièrement larges, ombragées et peu
fréquentées, ce qui en fait un endroit parfait pour le vélo.

À l'angle de Laurier et de Bloomfield se dresse l'**église Saint-Viateur**,
qui date de la seconde décennie du XXᵉ siècle. D'inspiration néogothique, son intérieur est remarquable, orné par des artistes renommés en
peinture (Guido Nincheri), en verrerie (Henri Perdriau), en ébénisterie
(Philibert Lemay) et en sculpture (Médart Bourgault et Olindo Gratton).
Les peintures recouvrant la voûte illustrent la vie de saint Viateur.

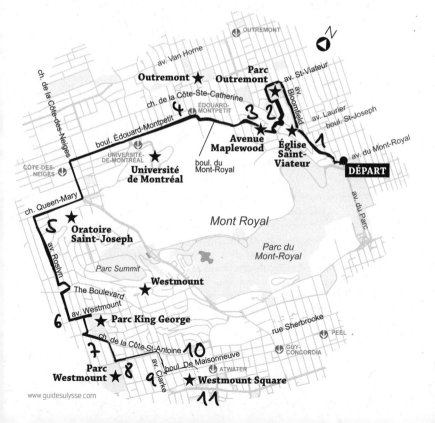

Ça monte!

Des côtes, des côtes et encore des côtes ! Nous avons tenté de vous rendre ce trajet le plus facile possible, mais vous aurez tout de même quelques portions pentues à gravir. Mais n'allez pas croire que cette balade dépasse vos capacités : les côtes les plus abruptes y sont courtes, et dans le pire des cas, vous mettrez pied à terre une ou deux fois. Dur pour l'égo, mais bon pour la santé...

On pense que le toponyme «Bloomfield» tire ses origines d'une ferme jadis située à cet endroit. De son passé agricole, l'avenue n'a gardé que le nom et un certain air champêtre. Les grands arbres et les cours fleuries y côtoient quelques bâtiments d'intérêt. L'**Académie Querbes** (n°s 215 à 235), construite en 1914, a conservé son architecture originale, avec son entrée monumentale. D'abord institution catholique, elle est devenue dans les années 1960 une école primaire laïque dédiée à la «pédagogie alternative», ce qu'elle est encore aujourd'hui.

Les n°s 249 et 253, avec leurs balcons en forme de dais, au-dessus d'entrées traitées à la manière de loggias, valent aussi le coup d'oeil. Un peu plus loin (n° 261) se trouve l'ancienne maison du chanoine Lionel Groulx (1878-1967). L'édifice abrite maintenant une fondation à la mémoire de l'ancien prêtre, écrivain, historien et grand nationaliste québécois. Une plaque commémorative devant la façade arbore une citation de Groulx : *Jusqu'à la fin de ma vie j'aurai rêvé grand, désespérément grand, pour mon pays*. Même si son héritage est aujourd'hui contesté, il reste que la pensée du chanoine a eu un impact majeur sur le nationalisme québécois au XXe siècle.

Un peu plus loin, en face du parc Outremont, au n° 345, se trouve une maison construite en 1922 par et pour Aristide Beaugrand-Champagne, architecte, caractérisée par son toit cathédrale et son stuc blanc.

2 ▶ *Continuez par Bloomfield et longez le parc Outremont. Tournez à gauche dans Saint-Viateur et faites le tour du parc. Prenez l'avenue McDougall à droite.*

N'hésitez pas à faire une pause et à fouler l'herbe invitante du parc...

Le **parc Outremont** est un des nombreux espaces verts du quartier. Il a été construit à l'emplacement d'un marécage recevant jadis l'eau d'un ruisseau des hauteurs limitrophes. Son aménagement, qui date du début du XXe siècle, confère à l'endroit une tranquille beauté. Au centre du bassin McDougall trône une fontaine qui s'inspire des *Groupes d'enfants* qui ornent le parterre d'eau du château de Versailles. Un monument se dresse à l'angle de l'avenue McDougall, à la mémoire des citoyens d'Outremont morts durant les deux grandes guerres.

L'avenue McDougall abrite une maison qui a marqué l'histoire du quartier : la **ferme Outre-Mont**, construite pour L.-T. Bouthillier entre 1833 et 1838, aux n°s 221 et 223. C'est là que fut célébrée la première messe à Outremont, le 21 avril 1887. La maison est considérée comme la troisième plus vieille habitation de la ville. Henri Bourassa, fondateur du journal *Le Devoir*, y aurait été locataire. Au n° 268, il faut voir la **maison Gravel**, conçue en 1936 par l'architecte William Ralston de Toronto dans le cadre d'un concours d'architecture. Cette résidence témoigne du style international du Bauhaus, qui fut, dans les années 1920, une école de pensée célèbre de l'architecture fonctionnaliste.

3 ▶ *De retour dans le chemin de la Côte-Sainte-Catherine, vous verrez devant vous l'avenue McCulloch et la côte du Vésinet. Les deux mènent au même endroit, mais la dernière est moins pentue, et nous vous la recommandons. Une fois en haut, prenez Maplewood à droite.*

Le plus petit braquet est de mise pour grimper cette côte!

Appelée aussi l'«avenue du pouvoir», l'avenue Maplewood est l'axe central de ce secteur appelé le «Haut-Outremont», où, souvent dans une topographie très accidentée, sont venues se percher des résidences cossues qu'ont habitées ou habitent toujours de nombreux personnages influents du Québec. Les belles résidences situées aux n°s 118 et 114, d'époque différente, enserrent un petit ruisseau qui ajoute au charme de l'avenue. Alimentant à l'époque un abreuvoir à chevaux dans le chemin de la Côte-Sainte-Catherine, pour ensuite former le marécage du parc Outremont, ce ruisseau se perd aujourd'hui dans les canalisations en contrebas de l'avenue. Au-delà de l'avenue McCulloch (qui a vu s'établir pour un temps la famille de Pierre Elliott Trudeau, ancien premier ministre du Canada, au n° 84), l'avenue Maplewood se fait encore plus pittoresque. Même si notre trajet part dans la direction opposée, n'hésitez pas à explorer l'est de Maplewood, quitte à revenir sur vos pas.

4 ▶ *Continuez vers l'ouest par Maplewood, qui devient le boulevard du Mont-Royal. Au bout de cette artère, vous verrez le centre sportif de l'Université de Montréal; prenez Vincent-d'Indy à droite, puis tout de suite à gauche Édouard-Montpetit.*

Remarquez sur la gauche la tour du pavillon Roger-Gaudry de l'Université de Montréal: on ne peut pas la louper!

Vous verrez le long de cette rue le campus de l'**Université de Montréal**, deuxième plus importante université canadienne avec près de 60 000 étudiants. Le **pavillon Roger-Gaudry** (*2900 boul. Édouard-Montpetit*), dont la tour de briques jaunes contraste avec la montagne derrière, est le cœur et l'emblème de l'université. Construit selon les directives de l'architecte Ernest Cormier de 1928 à 1943, ce pavillon est considéré comme l'un des premiers édifices de style moderne au Canada. À droite du boulevard Édouard-Montpetit se trouvent plusieurs immeubles résidentiels, occupés par un fort contingent d'étudiants.

5 ▶ *Roulez environ 1,7 km sur le boulevard Édouard-Montpetit* avant de *prendre à gauche le chemin de la Côte-des-Neiges. Au troisième feu, **tournez à droite dans Queen-Mary**. Après l'oratoire Saint-Joseph (voir p. 40), **prenez l'avenue Roslyn à gauche**.*

L'avenue Roslyn, à partir de Queen-Mary, se présente comme une gentille pente de 1 km. Elle n'est pas bien méchante, rassurez-vous, et le jeu en vaut la chandelle. D'abord parce que Roslyn est le passage obligé pour arriver à Westmount. Ensuite parce que la rue est tout à fait jolie. Et finalement parce qu'à son sommet vous pourrez profiter d'un point de vue sur la ville tout en bas. Enclavée dans Montréal, **Westmount** est une petite ville cossue de 20 000 habitants. Elle est considérée comme le bastion de la bourgeoisie anglophone au Québec. Ses rues, accrochées au versant sud-ouest du mont Royal, sont bordées de demeures de style néo-Tudor et néogeorgien, construites pour la plupart entre 1910 et 1930.

6 ▶ *Deux options s'offrent à vous pour rejoindre Roslyn plus bas, qui est coupée à ce niveau. Vous pouvez **descendre les escaliers du point de vue jusqu'à The Boulevard** et continuer par Roslyn. **Si vous préférez ne pas descendre les escaliers, retournez sur vos pas** et prenez le **chemin Belfrage à droite**, puis l'**avenue Upper Lansdowne à droite**, et enfin le **chemin Edgehill à droite**. **Rejoignez alors Roslyn**, que vous devrez descendre. Dans les deux cas, une fois plus bas, **prenez l'avenue Westmount à gauche**; deux rues plus loin, vous voilà au **parc King George**.*

Pour ceux qui voudraient s'imprégner d'une atmosphère Mid-Atlantic, faite d'un mélange d'Angleterre et d'Amérique, le **parc King George** (au nord de l'avenue Mount Stephen) offre la combinaison parfaite : terrain de football américain et courts de tennis dans un cadre champêtre. On y trouve les restes d'un bosquet naturel d'acacias, essence rarissime à cette latitude à cause du climat rigoureux.

DRING DRING !

Summit Circle

Si le point du vue de Roslyn est charmant, celui de Summit Circle l'est encore plus. Mais pour y accéder, point de secret : il faut grimper. Nous l'avons exclu de cette balade parce que l'ascension est peut-être un peu trop ardue pour certains. Ceux qui ont du mollet et qui voudraient s'y frotter le rejoindront en empruntant Sunnyside (que vous croisez en montant Roslyn) vers l'est. Au bout de cette rue, prenez Cercle Summit à droite et vous y serez une fois rendu à un petit stationnement.

7 ▶ *Traversez le parc en diagonale pour rejoindre l'intersection Mount Stephen et Côte-Saint-Antoine. **Prenez Mount Stephen à droite** et roulez jusqu'à la rue Sherbrooke.*

Le **parc Westmount** (*4575 rue Sherbrooke O.*) a été créé à l'emplacement de marécages en 1895. Quatre ans plus tard, on y construisait la première bibliothèque municipale du Québec, la Bibliothèque de Westmount (n° 4574). La province avait un retard considérable en la matière, les seules communautés religieuses ayant jusque-là pris en charge ce type d'équipement culturel. L'édifice de briques rouges se rattache aux courants éclectiques, pittoresques et polychromes des deux dernières décennies du XIXᵉ siècle. Empruntez le passage qui mène au Conservatoire, dont les serres abritent régulièrement des expositions florales, ainsi qu'au Victoria Hall, une ancienne salle de spectacle érigée en 1924 dans le même style Tudor que l'hôtel de ville. Sa galerie sert de lieu d'exposition pour les artistes résidant à Westmount.

8 ▶ *Rue Sherbrooke, roulez vers l'est jusqu'à l'hôtel de ville de Westmount.*

L'**hôtel de ville de Westmount** (*4333 rue Sherbrooke O.*) adopte le style néo-Tudor, inspiré de l'architecture de l'époque d'Henri VIII et d'Elisabeth I, et considéré dans les années 1920 comme le style national anglais puisque émanant exclusivement des îles Britanniques. À l'arrière s'étend la pelouse irréprochable d'un club de bowling sur gazon, sur laquelle se détachent, en saison, les joueurs portant le costume blanc réglementaire.

Westmount est un véritable morceau de Grande-Bretagne transposé en Amérique !

Quelques dizaines de mètres plus loin, l'église catholique anglaise de Westmount, l'**église The Ascension of Our Lord** (*angle av. Kitchener*), érigée en 1928, témoigne de la persistance du style néogothique dans l'architecture nord-américaine. On a l'impression d'avoir sous les yeux une authentique église de village anglais du XIVᵉ siècle, avec son revêtement de pierres brutes, ses lignes étirées et ses fines sculptures.

9 ▶ *Continuez par Sherbrooke, puis **tournez à droite dans l'avenue Clarke**.*

L'**église Saint-Léon** (*angle av. Clarke et boul. De Maisonneuve O.*) est le lieu de culte de la paroisse catholique de langue française de Westmount. Derrière une sobre et élégante façade d'inspiration néo-romane se dissimule un décor d'une rare richesse, exécuté à partir de 1928 par l'artiste Guido Nincheri. Le sol et la base des murs sont revêtus des plus beaux marbres d'Italie et de France, alors que la portion supérieure de la nef est en pierre de Savonnières et que les salles du chœur ont été sculptées à la main par Alviero Marchi dans le plus précieux des noyers du Honduras. Les vitraux complexes représentent différentes scènes de la vie du Christ, incluant parfois des personnages contemporains de la construction de l'église qu'il est amusant de découvrir entre les figures de la Bible.

10 ▸ Empruntez la piste cyclable du boulevard De Maisonneuve à gauche. *Vous croiserez l'avenue Greene.*

Dans l'axe du boulevard De Maisonneuve apparaît déjà le centre-ville tout proche...

L'**avenue Greene** (métro Atwater), un petit bout de rue au cachet typiquement canadien-anglais, regroupe plusieurs des boutiques bon chic bon genre de Westmount. Outre des commerces de services, on y voit des galeries d'art, des antiquaires et des libraires remplies de beaux livres. Bien qu'aucun restaurant ne vaille spécialement le détour, vous y trouverez une boulangerie (n° 1236) et une épicerie (n° 1250) pour vous ravitailler.

11 ▸ Continuez vers l'est sur le boulevard De Maisonneuve et, *deux rues après Greene,* **empruntez l'avenue Wood à droite**. *Westmount Square est sur votre droite.*

L'architecte Ludwig Mies van der Rohe (1886-1969), l'un des principaux maîtres à penser du mouvement moderne et directeur du Bauhaus en Allemagne, a dessiné **Westmount Square** *(angle av. Wood et boul. De Maisonneuve O. ; métro Atwater)* en 1964. Cet ensemble est typique de la production nord-américaine de l'architecte, caractérisée par l'emploi de métal noir et de verre teinté. Il comprend un centre commercial souterrain, surmonté de trois immeubles à bureaux et d'appartements. Le revêtement extérieur original des espaces publics en travertin blanc veiné, matériau cher à Mies, a été remplacé par une couche de granit, davantage capable de résister aux effets dévastateurs du gel et du dégel.

Pour casser la croûte en beauté, à l'ombre des tours de Mies van der Rohe, quelques options s'offrent à vous. **La Taverne sur le Square**, comme son nom l'indique, est nichée dans Westmount Square *(n° 1, 514-989-9779)*. Ce restaurant, connu davantage sous l'appellation « Tavern on the Square », tant il attire une clientèle anglophone, propose une cuisine bistro simple et dénuée de prétention. Un peu plus à l'ouest se trouve une autre table honnête, le **Mess Hall** *(4858 rue Sherbrooke O.)*. Le midi, hamburgers, pâtes et salades sont de mise, alors qu'en soirée des plats plus raffinés sont offerts. Les plus courageux peuvent se risquer à essayer la poutine à la bière Guinness. Une récompense bien méritée – et hautement calorique – pour ceux qui ont bravé les côtes d'Outremont et de Westmount.

À la **montagne**

▸▸▸ 12 km
🕐 1-3 heures
🚲 Moyens mollets

Partiellement accessible en BIXI.
(Points de départ et d'arrivée seulement.)

Pour se sentir ailleurs en plein centre-ville, rien de mieux que d'aller rouler sur la montagne. Dans le parc du Mont-Royal et sur le sinueux chemin Olmsted, bien sûr. Mais aussi sur les routes de traverse des deux cimetières qui y sont perchés, Notre-Dame-des-Neiges et Mont-Royal. Voici donc un parcours classique mais pas banal, dans un cadre naturel enchanteur, qui monte mais qui est à la portée de tous.

Itinéraire *Boucle à partir du monument à Sir George-Étienne Cartier, en passant par le chemin Olmsted, le lac aux Castors, le chalet du Mont-Royal, le cimetière Notre-Dame-des-Neiges et le cimetière Mont-Royal.*

Dur de passer à côté du mont Royal quand on parle de vélo à Montréal. Bien sûr, cette masse trapue de 233 m exerce les mollets, mais elle offre tant de beauté et de quiétude aux cyclistes qu'il serait fou de s'en passer. Alors voilà, alors que plusieurs parcours dans ce guide s'évertuent à la contourner, celui-ci cherche l'inverse : il passe directement dans la montagne découverte par Jacques Cartier en 1535. Cette bosse autour de laquelle gravitent les quartiers centraux de la ville, appelée avec affection «la montagne» par les Montréalais, recèle des chemins tranquilles et des points de vue magnifiques.

À Montréal, aucun bâtiment n'a une hauteur supérieure à celle du mont Royal.

Bien que par le passé on ait construit plusieurs immeubles sur les flancs du mont Royal, tout développement est censé être aujourd'hui strictement encadré... Le parc du Mont-Royal, les deux cimetières, ainsi que les sommets Westmount et Outremont sont «protégés» depuis 2003 par le gouvernement du Québec, qui a attribué à ce secteur le statut d'arrondissement historique et naturel du Mont-Royal.

1 ▶ *Pour entamer cette boucle, **rendez-vous au monument à Sir George-Étienne Cartier**, situé près de l'avenue du Parc, dans l'axe de la rue Rachel. Si vous n'êtes pas familier avec ce lieu, le meilleur moyen de vous y rendre consiste à emprunter la piste cyclable de la rue Rachel vers l'ouest jusqu'à ce que vous butiez contre l'avenue du Parc, après avoir traversé le parc Jeanne-Mance: le monument est devant vous, de l'autre côté de l'avenue.*

Nous vous conseillons de ne pas faire cette balade qui grimpe lors d'une trop chaude journée d'été!

Le **monument à Sir George-Étienne Cartier** est un lieu central des estivants montréalais. C'est là que, chaque dimanche, se tient le rassemblement des *Tam-tams*, alors que des milliers de percussionnistes et de curieux se retrouvent, du matin à la brunante, pour une session d'improvisation musicale en plein air. Pour la petite histoire, le monument a été inauguré en 1919. Il a été construit à la mémoire de l'homme politique Sir George-Étienne Cartier, qui fut copremier ministre du Bas-Canada (1857-1862).

2 ▶ ***Empruntez le chemin Olmsted**, en terre battue, qui commence à droite du monument si vous faites face à la montagne.*

Le chemin Olmsted est le sentier principal du parc du Mont-Royal. Il porte le nom de celui qui a aménagé le parc, Frederick Law Olmsted (1822-1903). Considéré comme le père de l'architecture du paysage aux États-Unis, on lui doit l'aménagement de plusieurs parcs d'envergure, dont Central Park à New York. À Montréal, il prit le parti de conserver au site son caractère naturel, se limitant à aménager quelques points d'observation reliés par des sentiers en tire-bouchon. Inauguré en 1876, le parc du Mont-Royal (190 ha) est aujourd'hui fréquenté par trois millions de visiteurs chaque année. En semaine, il arrive quand même que le chemin Olmsted soit presque déserté, chose rare les fins de semaine, alors que joggeurs, promeneurs et cyclistes y convergent en grand nombre.

Si vous êtes en quête d'intimité, préférez un jour de semaine pour cette balade.

Le charme de ce chemin en lacet réside surtout dans son cadre naturel. Les érables matures qui le bordent offrent l'ombre tant appréciée du cycliste, laquelle rend la montée beaucoup moins éprouvante. Notez que plus haut, à flanc de montagne, poussent plusieurs chênes rouges, une essence rare au Québec, que l'on trouve surtout dans le sud de la

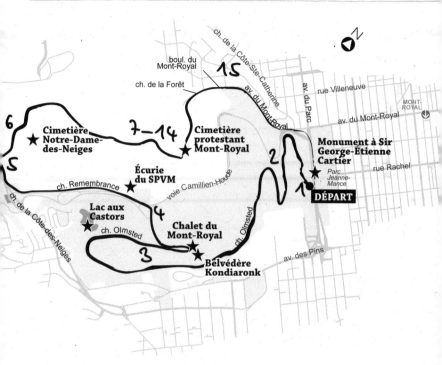

province, dans des écosystèmes lourdement affectés par l'urbanisation. Ces arbres sont donc en mesure de nous rappeler que Frederick Law Olmsted a bel et bien remporté son pari en matière de conservation.

Au km 3,7 la forêt se dégage et vous offre une vue plongeante sur le petit **lac aux Castors**. Celui-ci a été aménagé en 1938 sur le site des marécages se trouvant autrefois à cet endroit. En hiver, il se transforme en une agréable patinoire. Ce secteur du parc, organisé de manière plus conventionnelle, comprend en outre un jardin de sculptures et des pelouses appréciées des pique-niqueurs qui s'y prélassent. Il peut être agréable de faire le tour du lac, ou de s'arrêter au chalet moderniste qui y fait face. Celui-ci accueille en hiver les patineurs et les fondeurs en quête d'un peu de chaleur. L'été, on s'y arrête pour manger une bouchée, à la cafétéria sommaire qui s'y trouve ou au **Bistro Le Pavillon** *(2000 ch. Remembrance, 514-849-2002)*, qui a ouvert ses portes récemment et sert une cuisine plus raffinée (pâtes, langoustines, entrecôte de bœuf, etc.)

L'été, les pelouses entourant le lac aux Castors sont propices aux pique-niques.

De retour sur le chemin Olmsted, à quelques coups de pédales du lac, vous ne pourrez manquer de remarquer la **maison Smith** *(1260 ch. Remembrance, 514-843-8240, www.lemontroyal.qc.ca)* sur votre gauche.

Cette ancienne maison de ferme, construite en 1858, est le dernier vestige du passé agricole du mont Royal. Le bâtiment est devenu le quartier général des **Amis de la montagne**, groupe de pression chargé de défendre les caractères patrimonial et naturel des lieux. On peut s'y procurer une carte du parc, y parcourir une exposition sur la montagne, ou tout simplement poser une question sur le mont Royal.

3 ▶ Continuez sur le chemin Olmsted *en gardant toujours votre droite.*

Un peu plus loin, au km 4,7, se trouve le **chalet du Mont-Royal** *(tlj 8h à 20h; parc du Mont-Royal, 514-872-3911).* Situé au centre du parc, il fut conçu par l'architecte Aristide Beaugrand-Champagne en 1932, en remplacement de l'ancien qui menaçait ruine. Au cours des années 1930 et 1940, les *big bands* donnaient des concerts à la belle étoile sur les marches de l'édifice. L'intérieur est décoré de 17 toiles marouflées représentant des scènes de l'histoire du Canada et commandées à de grands peintres québécois, comme Marc-Aurèle Fortin et Paul-Émile Borduas.

Mais si l'on se rend au chalet du Mont-Royal, c'est d'abord pour la traditionnelle vue sur le centre-ville depuis le **belvédère Kondiaronk** (du nom du grand chef huron-wendat qui a négocié le traité de la Grande Paix en 1701), admirable en fin d'après-midi et en soirée, alors que les gratte-ciel s'illuminent.

DRING! DRING!

Vous n'avez pas assez monté?

Ceux qui, rendus au chalet du Mont-Royal, auraient envie de monter encore plus haut peuvent le faire en se rendant à la croix du Mont-Royal. Il suffit, à partir du chalet, de revenir sur ses pas sur environ 200 m par le chemin Olmsted, puis de prendre à droite la boucle du Sommet. Ce détour de quelque 2 km vous ramènera au chalet. Notez que la croix fut érigée en 1927 pour commémorer le geste fait par Paul Chomedey, sieur de Maisonneuve, en 1643. Cette année-là, en janvier, le fondateur de Montréal gravit la montagne pour y planter une croix de bois en guise de remerciement à la Vierge pour avoir épargné le fort Ville-Marie d'une inondation dévastatrice.

4 ▶ Revenez sur vos pas sur environ 500 m par le chemin Olmsted. *Là se trouve une patte d'oie: sur la gauche continue le chemin Olmsted, sur la droite débute un chemin où rapidement le gravier fait place à l'asphalte.* **Empruntez le chemin de droite.** *Vous pourrez y parcourir 50 m avant d'aboutir à une intersection.*

▶ *Devant vous se trouve un terre-plein où se dresse un panneau de signalisation vert qui indique à gauche le chemin de la Côte-des-Neiges et à droite l'avenue du Mont-Royal.* **Prenez à gauche, en direction du chemin de la Côte-des-Neiges.**

[note manuscrite: Attention à la circulation à cette intersection!]

Vous roulez en ce moment sur le chemin Remembrance, qui va, quelques centaines de mètres plus loin, rejoindre le chemin de la Côte-des-Neiges. Chemin faisant, vous remarquerez sur votre droite un bâtiment bas, en pierre des champs et au toit vert: c'est l'**écurie du Service de police de la Ville de Montréal**. Les amateurs de chevaux ne manqueront pas de descendre de monture pour aller admirer les bêtes, qui se trouvent dans l'enclos juste au nord du bâtiment. Peu après le poste de police se trouve sur votre droite un portail en pierre qui marque en fait l'entrée Camillien-Houde du cimetière Notre-Dame-des-Neiges. N'y entrez pas et continuez à descendre le chemin Remembrance jusqu'à l'entrée Côte-des-Neiges du cimetière.

5 ▶ *Gardez votre droite:* **vous roulerez environ 1 200 m** *à partir de l'intersection mentionnée plus haut jusqu'aux premiers feux de circulation. L'entrée Côte-des-Neiges du cimetière se trouve sur la droite tout de suite après les feux.* **Entrez dans le cimetière.**

Immense – près d'un million de personnes y ont été inhumées depuis 1855 –, le **cimetière Notre-Dame-des-Neiges** (*4601 ch. de la Côte-des-Neiges, 514-735-1361, www.cimetierenddn.org*) est le plus important cimetière catholique au pays. Contrairement au cimetière protestant Mont-Royal, son voisin, il présente des attributs à caractère éminemment religieux, qui identifient clairement son appartenance au catholicisme. Ainsi, vous remarquerez à l'entrée deux anges du paradis qui encadrent un crucifix.

[note manuscrite: La moindre des civilités consiste à ne pas rouler trop vite dans le cimetière.]

Les «deux solitudes» demeurent donc isolées jusque dans la mort. Alors qu'on trouve dans le cimetière voisin les sépultures des plus éminents membres de la communauté anglophone, ici les pierres d'intérêt sont celles de francophones. Le cimetière peut en effet être visité tel un *Who's Who* des personnalités du monde des affaires, des arts, de la politique et de la science au Québec. Preuve incontestable de son attrait sur la bourgeoisie francophone, une vingtaine d'anciens maires de Montréal y sont enterrés.

Notez que, si les cyclistes y sont tolérés, la moindre des civilités consiste à ne pas rouler trop vite, à respecter les panneaux d'arrêt et à ne pas crier pour respecter ceux qui viennent se recueillir sur la tombe d'un être cher. Vous ne voudrez, de toute manière, surtout pas rouler trop vite tant ce lieu paisible dicte son rythme à ceux qui le parcourent. Vous êtes en fait dans un des plus beaux sites de la ville, et les foules l'épargnent encore.

Si vous désirez partir à la recherche des personnages célèbres inhumés dans le cimetière, nous vous conseillons de vous munir d'un plan des lieux (disponible au pavillon administratif) et de beaucoup de patience… Pour le bénéfice de cette balade, afin de ne pas perdre le lecteur dans un dédale d'indications, nous visitons les sépultures de trois illustres Québécois, lesquelles ont l'avantage de ne pas être trop difficiles à trouver.

6 ▶ *À l'entrée,* **contournez par la droite le terre-plein** *où se dresse un crucifix, puis,* **à la première fourche, prenez à gauche***. Vous passerez une première intersection dans une pente. À la seconde, remarquez un obélisque gravé du nom de « Valiquette ». En face, de l'autre côté du chemin, se trouve la pierre tombale de Jean Drapeau.*

De tous les anciens maires de Montréal enterrés ici, **Jean Drapeau** (1916-1999 ; lot ML1) est sûrement celui dont le nom résonne le plus. Visionnaire, entreprenant et controversé, il fut maire de Montréal de 1954 à 1957, puis de 1960 jusqu'en 1986. Durant son règne de près de 30 ans, Montréal fut entre autres l'hôte de l'Exposition universelle (1967) et des Jeux olympiques d'été (1976). C'est sous son leadership que la ville se dota d'un réseau de métro et que la Place des Arts fut construite. Son héritage, notamment en termes d'urbanisme, est cependant remis en question, plusieurs estimant que la place qu'il accordait à l'automobile était démesurée et que son goût de la modernité l'a poussé à détruire de vieux quartiers populaires qui auraient pu être revitalisés. Il reste toutefois, encore aujourd'hui, associé à la grandeur passée de Montréal, alors que la ville était toujours la métropole du Canada.

Profitez du calme de ce lieu paisible. Et pourquoi pas descendre du vélo pour marcher?

7 ▶ **Continuez sur le chemin** *qui passe entre l'obélisque et la pierre tombale de Jean Drapeau. C'est près de celui-ci, à la prochaine intersection, qu'a été inhumé Maurice Richard.*

Avec sa sculpture en forme de torche et ses colonnes de marbre, la pierre tombale de **Maurice Richard** (1921-2000 ; lot ML9) reste sobre, tout en évoquant la gloire du plus grand sportif québécois. Le hockeyeur est le premier à avoir compté 50 buts en 50 matchs dans la Ligue nationale de hockey, en 1945. L'exploit ne sera égalé qu'en 1981… Maurice Richard a passé l'ensemble de sa carrière professionnelle, longue de 18 saisons, dans l'uniforme du Canadien de Montréal. Devenu un symbole de la réussite des Canadiens français dans une société anglophone, il est d'ailleurs considéré comme une figure marquante de la Révolution tranquille.

8 ▶ À l'intersection, tournez à droite.

Ici se trouve une petite pente d'où vous pouvez apercevoir la tour du pavillon Roger-Gaudry de l'Université de Montréal, construite selon les plans de l'architecte Ernest Cormier. On reconnaît facilement la tour grâce à sa brique jaune, typique de cette université. Du côté opposé, vous aurez une vue plongeante sur l'oratoire Saint-Joseph (voir p 40).

9 ▶ À la première inter-section, prenez à droite: *vous vous retrouverez devant le* **pavillon administratif** *et la chapelle de la Résurrection.*

Un labyrinthe à apprivoiser

Contrairement au cimetière Mont-Royal, il est très facile de se perdre dans le cimetière Notre-Dame-des-Neiges, qui compte 55 km de routes et de sentiers. Les indications fournies ici devraient vous suffire, mais il est recommandé de se munir d'un plan détaillé des lieux pour le parcourir à votre guise. Vous pouvez vous en procurer un gratuitement au pavillon administratif.

C'est ici le centre névralgique du cimetière. On y trouve le pavillon administratif, qui loge en fait l'accueil et les bureaux du cimetière. En face se trouve la chapelle de la Résurrection. Elle est particulièrement réussie avec sa petite flèche argentée. Afin de poursuivre la balade, vous devrez vous rendre près de la porte de la chapelle.

10 ▶ *Remarquez, à côté de la chapelle, une pierre gravée du nom de Sebastiano Trifiro.* **Prenez la route à droite** *de cette pierre.*

Ici vous roulez sur une route assez large qui a l'avantage de ne pas se perdre en mille détours. Profitez-en pour observer les lieux. Si vous êtes chanceux, vous apercevrez peut-être des renards roux, qui pullulent sur la montagne et notamment dans les deux cimetières, où ils trouvent des proies.

11 ▶ Roulez un peu plus de 700 m sur cette route. *À un moment, elle bifurque sur la droite, mais empruntez plutôt* **le chemin plus petit**, *en bitume foncé,* **qui continue tout droit**.

C'est près de ce chemin qu'est enterré **Émile Nelligan** (1879-1941 ; lot N588). Ce poète précoce a composé entre 1896 et 1899 (date de son internement pour psychose) des poèmes restés célèbres au Québec. Sa poésie influencée par le courant symboliste est encore aujourd'hui apprise et récitée dans les écoles de la province, où il est considéré comme l'un des plus grands poètes. On trouve sur sa pierre, où est gravé son buste en bas-relief, un vers de son célèbre poème « Le vaisseau d'or » : *Ses mâts touchaient l'azur, sur des mers inconnues.*

12 ▶ *Roulez tout droit sur environ 50 m. À la fourche, prenez à gauche* puis *tournez à droite à la prochaine intersection* afin de longer la clôture noire.

Le petit canon noir au bord du chemin annonce le cimetière militaire où sont enterrés des vétérans des guerres de Crimée, des Boers et de la Première Guerre mondiale. Devant vous se trouve une croix de pierre d'environ 3 m de haut, qui sépare les deux cimetières, Notre-Dame-des-Neiges, où vous êtes, et Mont-Royal, où vous vous rendez.

13 ▶ *Empruntez le chemin tracé dans le gazon* qui passe à côté de la croix, puis la porte de la clôture de fer forgé noir.

Sans tambour ni trompette, vous venez de pénétrer dans le cimetière Mont-Royal. La petite porte que vous venez de franchir est le seul passage officiel qui existe entre les deux cimetières.

Le cimetière Mont-Royal donne l'impression d'être à mille lieues de la ville, alors qu'on est en fait en son centre.

Conçu comme un éden pour ceux qui rendent visite à leurs défunts, le **cimetière protestant Mont-Royal** (514-279-7358, *www.mountroyal-cem.com*) est aménagé tel un jardin anglais dans une vallée isolée. Le cimetière, créé par les églises anglicane, presbytérienne, méthodiste, unitarienne et baptiste, a ouvert ses portes en 1852 et est devenu un haut-lieu de la communauté anglophone montréalaise. Certains de ses monuments sont de véritables œuvres d'art créées par des artistes de renom. Parmi les personnalités et les familles qui y sont inhumées, il faut mentionner l'armateur Sir Hugh Allan, les brasseurs Molson, qui possèdent le plus imposant mausolée, ainsi qu'Anna Leonowens, gouvernante du roi de Siam au XIXᵉ siècle, dont les écrits ont inspiré les créateurs de la pièce *The King and I* (Le roi et moi).

14 ▶ *En entrant dans le cimetière, vous verrez* **une route sur laquelle une ligne blanche est peinte. Empruntez-la à droite**. *Cette route aboutit à une autre route marquée d'une ligne verte :* **suivez la ligne verte sur la gauche**, *jusqu'à* **l'entrée du boulevard du Mont-Royal**.

Prenez un instant pour admirer le sublime portail du cimetière Mont-Royal, qui marque en fait son entrée principale. Avec le lierre qui y court et ses lignes classiques, ce portail de pierre a un aspect qui donne à l'entrée du cimetière une sévérité très à propos.

15 ▶ *Une fois sorti du cimetière, **vous vous retrouverez sur le chemin de la Forêt**, qui devient, à peine 100 m plus loin, le **boulevard du Mont-Royal**. Descendez-le sur un peu moins de 1 km, **jusqu'à l'avenue du Parc**.*

Avec ses belles maisons qui font face au parc du Mont-Royal, le boulevard du Mont-Royal est à cet endroit l'une des plus charmantes artères de Montréal. Il représente ici la limite du quartier cossu d'Outremont. Descendez-le jusqu'à ce qu'il croise l'avenue du Parc. À cet endroit, tournez à droite pour revenir au monument à Sir George-Étienne Cartier ou continuez tout droit sur l'avenue du Mont-Royal pour atteindre la station de métro du même nom *(470 av. du Mont-Royal E.)*.

Si vous préférez flâner dans le quartier, au pied du mont Royal, sachez que les options pour boire et manger sont légion dans cette partie du Mile-End. Le bar à vins **La buvette chez Simone** *(4869 av. du Parc)*, qui offre aussi de petits plats de style bistro fort réussis, dispose d'une terrasse aussi agréable que courue. Notez que le poulet rôti, avec ses légumes caramélisés, est un délice... Sinon, un nouveau venu dans le quartier, **Kazamaza** *(4629 av. du Parc)*, sert une cuisine levantine où le mezzé se décline en plusieurs versions. En temps de canicule, si l'envie d'une crème glacée vous prend, sachez qu'une franchise du glacier américain **Dairy Queen** *(4604 av. du Parc)* se trouve tout proche de la montagne. L'endroit propose des glaces riches et sucrées qui se dégustent assis à l'une des tables de pique-nique installées devant le commerce. Pour saisir l'ambiance d'un soir d'été montréalais, on fait difficilement mieux...

Le plaisir de parcourir la montagne valait bien quelques montées, non?

À Saint-Lambert, entre **deux ponts**

››› 18,5 km

⏱ 2–3 heures

🚲 Petits mollets

Partiellement accessible en **bixi**.

Sur la Rive-Sud se trouve une petite banlieue cossue où il fait bon perdre quelques heures. Mais pour arriver à Saint-Lambert et en repartir, il faut franchir les ponts… une joie davantage qu'une corvée. Car c'est sur ceux-là que se trouvent les plus beaux points de vue de Montréal. Le ciel en haut, le fleuve en bas: traverser le pont Jacques-Cartier sur deux roues est une expérience qui ne s'oublie pas.

Itinéraire *Boucle incomplète à partir de la place d'Armes, en passant par le pont de la Concorde, l'île Notre-Dame, Saint-Lambert, Longueuil, le pont Jacques-Cartier, jusqu'à la station de métro Berri-UQAM.*

Rendez-vous sur la place d'Armes (métro Place-d'Armes) pour entamer ce périple vers la Rive-Sud. Cela vous permettra tout d'abord d'admirer la **basilique Notre-Dame**. Ce chef-d'œuvre du style néogothique en Amérique a été construit entre 1824 et 1829. James O'Donnell, un protestant d'origine irlandaise et vivant à New York, en a réalisé les plans. Il s'est converti au catholicisme afin d'être enterré sous «son» église. Ses restes sont les seuls contenus dans la crypte de l'église.

Et l'intérieur de la basilique vaut vraiment le détour!

∧ ▶ **Prenez la rue Saint-Sulpice vers le fleuve**. *Attention aux pavés !* **Rue de la Commune, prenez à droite jusqu'à la rue McGill**.

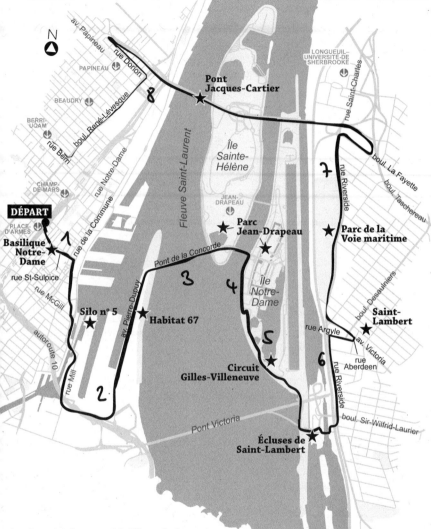

Au coin des rues McGill et de la Commune, vous croiserez une piste cyclable. Empruntez-la vers l'ouest: elle se trouve du côté sud de la rue de la Commune. C'est cette piste – la Route verte n° 1 – que vous devrez suivre jusqu'à l'île Notre-Dame. Dès les premiers mètres, vous pourrez apercevoir, à gauche, le **Silo n° 5**. Ce silo à grains érigé entre 1906 et 1958, fait de béton armé, est depuis longtemps laissé à l'abandon. L'édifice, long d'un demi-kilomètre, est maintenant éclairé le soir tel un monument. Le Musée des beaux-arts du Canada souhaite par ailleurs en faire un espace d'exposition permanent.

2 ▶ *La piste cyclable passe sur un pont et 700 m après, elle part dans deux directions: prenez à gauche. La piste s'engouffre ensuite sous l'autoroute A10, puis bifurque vers la gauche, le long de l'avenue Pierre-Dupuy. Vous verrez alors, 1 700 m après l'intersection mentionnée ci-dessus, le complexe Habitat 67.*

DRING DRING!

À mettre dans votre sac

Pour profiter pleinement de cette balade, assurez-vous d'avoir un appareil photo sous la main. Il pourrait être utile sur les ponts, où les points de vue sont spectaculaires.

Vous voici sur une pointe de terre créée pour les besoins du port de Montréal, qu'elle protège des courants et de la glace, et qui offre de beaux points de vue sur la ville. Sur la droite se trouve **Habitat 67**, cet ensemble résidentiel expérimental réalisé dans le cadre de l'Exposition universelle pour illustrer les techniques de préfabrication du béton et annoncer un nouvel art de vivre. Son architecte, Moshe Safdie, n'avait que 23 ans au moment de l'élaboration des plans. Habitat 67 se présente tel un gigantesque assemblage de cubes contenant chacun une ou deux pièces. Les appartements qui s'y trouvent sont aujourd'hui encore aussi prisés et se vendent à prix d'or.

3 ▶ *Peu après, **la piste mène vers le pont de la Concorde, que vous devez traverser**.*

Le pont de la Concorde a été construit expressément pour l'Exposition universelle de 1967, afin de permettre aux Montréalais de se rendre, à partir du centre-ville, jusqu'aux îles Sainte-Hélène et Notre-Dame. C'est l'un des meilleurs endroits d'où contempler le centre-ville, et le mont Royal sur sa droite.

4 ▶ *Après le pont, **suivez la piste cyclable**.*

Attention, le réseau de pistes cyclables est très alambiqué dans le parc Jean-Drapeau...

Une fois de retour sur la terre ferme, vous êtes dans le parc Jean-Drapeau, sur l'**île Notre-Dame**. Ici les pistes s'entrecroisent sans signalisation, dans ce qui semble être un effort presque conscient pour confondre les cyclistes. La règle est simple: suivez toujours la droite, ce qui vous gardera sur la Route verte nº 1. Si vous êtes perdu, demandez aux passants où se trouvent les écluses de Saint-Lambert, qu'enjambe la passerelle du pont Victoria que vous devrez emprunter. L'île Notre-Dame est une île artificielle, construite en 1965 avec la terre extraite du chantier du métro.

Le plaisir de tourner en rond

Le **circuit Gilles-Villeneuve**, long de plus de 4 km, a été nommé en l'honneur de ce pilote québécois à la conduite spectaculaire, mort lors des qualifications du Grand Prix de Belgique 1982. La piste accueille depuis 1978 le GP du Canada. Au-delà des voitures, la piste est devenue au fil des ans un paradis inespéré pour les vélos. Le circuit est en effet ouvert aux cyclistes la plupart du temps : il est possible d'appeler pour vérifier si les deux-roues y ont accès au moment où vous voulez y aller (514-872-6120). La plupart de ceux qui le fréquentent sont des rouleurs, qui s'organisent spontanément en pelotons pour fendre le vent. Chacun peut toutefois s'y aventurer à sa vitesse et boucler quelques tours pour le simple plaisir de rouler sur un asphalte parfaitement lisse.

5 ▶ *Pour un moment, la piste cyclable débouche sur la piste de course Gilles-Villeneuve.* **Continuez tout droit** *: elle reprend sur la droite 50 m plus loin. La piste passe maintenant sous le pont Victoria.*

Levez la tête : au-dessus se trouve le **pont Victoria**. Il s'agit du plus ancien des ponts qui relient l'île de Montréal à la terre ferme. Il a été construit péniblement par des centaines d'ouvriers irlandais et canadiens-français entre 1854 et 1860 pour la compagnie ferroviaire du Grand Tronc. Seuls les 24 piliers aux arêtes affilées, destinées à briser les glaces, sont d'origine. Le pont a en effet été modifié à quelques reprises, notamment pour y permettre la circulation automobile – mais pas les vélos ! Sa longueur (2 742 m), exceptionnelle pour l'époque, a fait dire aux chroniqueurs du XIXe siècle qu'il s'agissait de la huitième merveille du monde...

Méfiez-vous des fins de journée d'été : les moustiques et autres petites bêtes pullulent près du fleuve !

6 ▶ **Peu après le pont Victoria, la piste cyclable se divise en deux : prenez à gauche.** *Là, à 20 m, se trouvent les écluses de Saint-Lambert et la passerelle qui mène à la Rive-Sud. Peut-être devrez-vous attendre : le pont se scinde pour laisser passer les bateaux.* **Une fois rendu de l'autre côté, vous passerez au-dessus d'une autoroute**, *puis prendrez* **la piste cyclable vers la gauche**, *qui suit la rue Riverside.* **Roulez 1 km en longeant Riverside**, *puis vous verrez une station-service Ultramar : ce sera le moment de* **prendre Argyle à droite**, *puis* **Aberdeen à gauche**.

Vous voici à **Saint-Lambert**, petite banlieue cossue de 22 000 habitants. Le développement de Saint-Lambert a été intimement lié à la construction du pont Victoria. Le lien ferroviaire y a attiré une importante communauté anglophone qui lui a légué une saveur vaguement britannique. La principale artère de la ville est l'avenue Victoria. Des bâtiments, comme la **maison Dawson** (*n⁰ˢ 581-585*), construite en 1891, donnent un caractère victorien à la rue. En parcourant les rues avoisinantes, on peut voir plusieurs maisons victoriennes, telle la **maison Terroux** (*15 av. Upper-Madison*), érigée en 1890.

Remarquez comme les rues portent des noms à consonance anglaise...

Saint-Lambert est l'endroit idéal pour casser la croûte avant d'affronter le pont Jacques-Cartier. **L'Échoppe des fromages** (*12 rue Aberdeen*) est située dans une petite rue tranquille. Cette fromagerie offrant une sélection impressionnante se double d'un bistro sympathique. Le croque-monsieur – qu'on désigne du nom de «croûte» sur le menu – est délicieux, débordant de fromage, bien entendu... Faite de vrai jus de citron, la limonade a de quoi désaltérer le plus assoiffé des cyclistes : vous pourrez la sucrer avec du sirop de canne, dont les bouteilles se trouvent sur les tables. Un délice. Lors des beaux jours, quelques tables sont installées sur le trottoir.

Si la terrasse est pleine à L'Échoppe, vous pouvez essayer le **Café Passion** (*476 av. Victoria*), qui dispose de plusieurs tables à l'extérieur. La **Chocolaterie Hartley** (*670 av. Victoria*) est quant à elle réputée pour sa crème glacée. La glace au chocolat Guanaja à 70 % vaut à elle seule le détour.

↱ ▶ ***Empruntez la rue Victoria vers le fleuve** et **tournez à droite dans la rue Riverside** (n'empruntez pas la piste cyclable). À noter que vous croiserez le **parc de la Voie maritime de Saint-Lambert**, où se trouve la piscine municipale. Une information pratique en temps de canicule... **Continuez par Riverside jusqu'au boulevard La Fayette**, qui est la dernière artère avant le pont Jacques-Cartier. **Prenez-la à droite. Continuez sur La Fayette jusqu'à un viaduc** : ne passez pas dessous ; **empruntez la piste cyclable qui part à sa gauche**.*

Soyez attentif : des cyclistes arrivent parfois de Montréal à toute allure ! Au besoin, avertissez de votre présence d'un coup de sonnette.

La bretelle d'accès au pont Jacques-Cartier est une des plus étroites pistes cyclables qui soient. Nous vous conseillons donc d'obéir aux panneaux qui commandent de marcher à côté de son vélo. Heureusement, cette piste construite par la Ville de Longueuil est très courte et mène à la plus spacieuse piste du pont Jacques-Cartier.

Le **pont Jacques-Cartier**, inauguré en 1930, relie Montréal et Longueuil. D'abord baptisé «pont du Havre», il fut renommé après une campagne publique menée par le quotidien *Le Devoir* afin de souligner le 400ᵉ anniversaire de la découverte du Canada par Jacques Cartier en 1534. Avant sa construction, seul le pont Victoria permettait d'atteindre la Rive-Sud sans devoir emprunter un bac l'été ou un pont de glace l'hiver.

Depuis une dizaine d'années, une piste cyclable occupe le côté ouest du pont. Il s'agit par ailleurs de la seule piste cyclable munie de barrières anti-suicide à Montréal... Une caractéristique qui pourrait rendre glauque la traversée, si ce n'était du panorama époustouflant. La piste cyclable du pont Jacques-Cartier est ouverte du 1ᵉʳ avril au 1ᵉʳ décembre. Elle est parfois fermée en été lors d'évènements spéciaux, comme les feux d'artifice. Dans le doute, mieux vaut se renseigner *(450-651-2377)*.

[note manuscrite : Le pont Jacques-Cartier demeure un des meilleurs endroits d'où photographier Montréal.]

Notez qu'il est recommandé de ne s'arrêter – pour admirer le fleuve et prendre des photos – qu'à l'endroit désigné (belvédère) à cet effet, qui se trouve environ à la moitié du pont. La piste n'est pas très large, et un photographe amateur arrêté au mauvais endroit pourrait causer un accident. Le vélo est le moyen de transport idéal pour traverser le pont en savourant pleinement le paysage. Bon nombre des automobilistes qui l'empruntent matin et soir n'ont jamais posé le pied sur le pont, et n'ont jamais pu y admirer la vue. Un sacrilège pour quiconque y a roulé à bicyclette, avec le ciel en haut, le fleuve tout en bas, et Montréal, au loin, qui brille au soleil.

8 ▶ **À la sortie du pont, suivez la piste cyclable** *qui part vers la gauche. La rue devant vous est Dorion : empruntez-la vers le sud (dans le sens de la rue).* **Boulevard René-Lévesque, empruntez la piste cyclable** *(du côté sud de l'artère)* **à droite**. **Roulez environ 1 km**, *puis* **prenez la piste cyclable de la rue Berri à droite**. *Au coin de la rue Sainte-Catherine, vous voici rendu à la station de métro Berri-UQAM.*

La ville aux
cent clochers

Accessible en **bixi**.

››› 19 km
⏱ 2-4 heures
🚲 Moyens mollets

Le Québec compte 1 700 églises catholiques, et nulle part ailleurs qu'à Montréal sont-elles si nombreuses. Voici donc un parcours pour apprécier le patrimoine religieux de la ville aux cent clochers, avec sept églises d'exception réparties aux quatre coins de la ville. Un tour de Montréal, donc, au gré de cette architecture éternelle.

Itinéraire *Boucle autour de la montagne, en passant par le Vieux-Montréal, le Centre-Sud, le Plateau, le Mile-End, Outremont, Westmount et le centre-ville.*

Ce parcours est classé dans la catégorie des «moyens mollets» non pas à cause de sa longueur – somme toute raisonnable –, mais bien parce que, comme il contourne le mont Royal, certains passages sont pentus. Il n'y a par contre aucune côte aussi raide que dans la balade «Montréal la bourgeoise» (p. 12), et un peu d'effort, combiné à un petit braquet, devrait venir à bout des rares passages ardus. Sept lieux de culte catholique, donc, sont à l'honneur dans ce parcours. Les cyclistes les plus curieux pourront d'ailleurs y pénétrer s'ils le souhaitent, puisque ces églises sont pour la plupart ouvertes au public. Il ne faut donc pas oublier de se munir d'un bon cadenas pour son vélo.

Cette balade est parfaite pour quiconque voudrait avoir un bon aperçu de la ville.

Au-delà du patrimoine religieux, ce parcours vous entraîne dans le Vieux-Montréal, le Centre-Sud, le Plateau, le Mile-End, à Outremont, à Westmount et, pour finir, dans le centre-ville. C'est donc une excellente manière de voir un concentré de la ville. Même s'il ne s'agit pas exactement d'une boucle, la balade vous ramènera tout près du point de départ.

∧ ▶ *Ce parcours commence à la **place d'Armes**, dans le Vieux-Montréal.*

Sur la place d'Armes, en plein Vieux-Montréal, il est difficile de ne pas être ébloui par la **basilique Notre-Dame** *(110 rue Notre-Dame O. ; lun-ven 8h à 16h30, sam 8h à 16h, dim 12h30 à 16h ; 5 $; métro Place-d'Armes).* L'église, construite entre 1824 et 1829, est un véritable chef-d'œuvre du style néogothique en Amérique. Il ne faut pas y voir une réplique d'une cathédrale d'Europe, mais bien un bâtiment foncièrement néoclassique de la révolution industrielle, sur lequel est apposé un décor d'inspiration médiévale. James O'Donnell, qui en dirigea la construction, fut tellement satisfait de son œuvre qu'il se convertit au catholicisme avant de mourir, afin d'être inhumé sous l'église. À l'intérieur, vous pourrez admirer le fabuleux décor polychrome qui remplaça l'ancien, jugé trop sévère, entre 1874 et 1880. On remarque en outre le baptistère, décoré de fresques du peintre Ozias Leduc, et le puissant orgue Casavant de 7 000 tuyaux, fréquemment mis à contribution lors des nombreux concerts donnés à la basilique. À droite du chœur, un passage conduit à la chapelle du Sacré-Cœur, greffée à l'arrière de l'église en 1888 et surnommée la «chapelle des mariages» en raison des innombrables cérémonies nuptiales qui s'y tiennent chaque année.

2 ▶ ***Roulez 600 m dans la rue Notre-Dame vers l'est**. **Rue Bonsecours, tournez à droite**. Devant vous se dresse la chapelle Notre-Dame-de-Bon-Secours.*

Nous restons pour l'instant dans le Vieux-Montréal et dans ses rues pavées, si ingrates pour les cyclistes... Mais la **chapelle Notre-Dame-de-Bon-Secours** *(400 rue St-Paul E.)* vaut amplement quelques rebonds malcommodes. Une première chapelle fut érigée à cet endroit en 1658, à l'instigation de Marguerite Bourgeoys, fondatrice de la congrégation de Notre-Dame. La construction actuelle date de 1771. La chapelle a été mise au goût du jour vers 1890, au moment où l'on a ajouté la façade actuelle en pierres bossagées ainsi que la chapelle aérienne donnant sur le port, d'où l'on bénissait autrefois les navires et leur équipage en partance pour l'Europe. L'intérieur, refait à la même époque, contient de nombreux ex-voto offerts par des marins sauvés d'un naufrage. Certains prennent la forme de maquettes de navires, suspendues au plafond de la nef. Entre 1996 et 1998, on a effectué des fouilles sous la nef de la chapelle qui ont permis de mettre au jour plusieurs objets amérindiens préhistoriques. Aujourd'hui le **Musée Marguerite-Bourgeoys** *(6 $; mai à mi-oct mar-dim 10h à 17h30, mi-oct à mi-jan mar-dim 11h à 15h30, mars et avr mar-dim 11h à 15h30 ; 400 rue St-Paul E., 514-282-8670, www.marguerite-bourgeoys.com)* expose ces intéressantes pièces archéologiques.

[note manuscrite en marge : Rrrrroooouleeer suuur les paaaveees c'est pas faaaciiile!]

3 ▶ *Revenez sur vos pas et continuez de rouler dans la rue Notre-Dame vers l'est. Prenez à gauche la piste cyclable de la rue Berri*, première rue après Bonsecours. *Boulevard René-Lévesque, prenez la piste cyclable à droite. Roulez un peu plus de 600 m, puis*, **rue Panet, prenez à gauche**. *L'église Saint-Pierre-Apôtre se trouve à l'intersection. L'entrée fait face à la rue de la Visitation : descendez de votre vélo pour aller la visiter.*

L'**église Saint-Pierre-Apôtre** (*1201 rue de la Visitation*) est intégrée à l'ensemble conventuel des pères oblats, installés à Montréal grâce aux bons soins de Mgr Ignace Bourget en 1848. Le bâtiment, terminé en 1853, est une œuvre majeure du style néogothique québécois et la première réalisation du prolifique architecte Victor Bourgeau dans ce style. On y retrouve notamment des arcs-boutants, éléments de support extérieur des murs de la nef rarement employés à Montréal, alors que la flèche culmine à 70 m, une hauteur exceptionnelle à l'époque. L'intérieur, délicatement orné, recèle d'autres éléments inusités, tels ces piliers en pierre calcaire séparant le vaisseau principal des nefs latérales, dans un pays où la structure des églises est généralement faite entièrement de bois. Certaines des verrières provenant de la Maison Champigneulle de Bar-le-Duc, en France, attirent l'attention, entre autres le Saint Pierre du chœur, haut de 9 m (1854).

De l'autre côté du boulevard, impossible de louper la tour de la Maison de Radio-Canada.

4 ▶ *Continuez vers le nord dans la rue Panet. Environ 200 m plus loin, boulevard De Maisonneuve, tournez à gauche et roulez un peu plus de 600 m jusqu'à la rue Berri. Ici vous devez emprunter de nouveau la piste cyclable de la rue Berri : prenez-la à droite, vers le nord.*

Le coin nord-ouest de l'intersection de la rue Berri et du boulevard De Maisonneuve est occupé par un «temple» aussi, mais qui n'a rien à voir avec la religion. La **Bibliothèque nationale du Québec**, communément appelée la «Grande Bibliothèque» *(mar-ven 10h à 22h, sam-dim 10h à 17h; 475 boul. De Maisonneuve E., 514-873-1100)*, a ouvert ses portes au public montréalais le 30 avril 2005. Ce bâtiment de près de 100 millions de dollars, construit tout en contraste de bois et de verre, concentre plus de quatre millions de documents, soit la plus importante collection québécoise de livres et de supports multimédias.

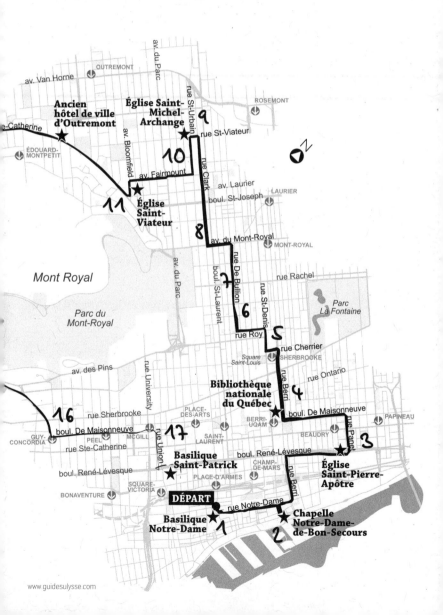

5 ▶ *Juste après la bibliothèque, rue Berri, se trouve* **une côte longue de 200 m** *que vous ne pourrez, hélas, éviter. Heureusement, elle n'est pas extrêmement pentue.* **Rue Cherrier, en haut de la côte, prenez à gauche.** **Tournez à droite dans la rue Saint-Denis.** *Roulez environ 200 m et* **tournez à gauche dans la rue Roy.**

Besoin d'une petite pause-collation après la montée? Il y a l'embarras du choix dans la rue Saint-Denis!

Vous êtes ici en plein cœur du Plateau Mont-Royal, avec ses rues aux typiques duplex et triplex de briques rouges. La rue Roy elle-même est une des plus jolies du Plateau.

6 ▶ *Roulez environ 300 m puis,* **rue De Bullion, prenez à droite.**

Rue De Bullion, environ 300 m après la rue Roy, vous croiserez l'avenue Duluth. Si vous avez faim, notez que deux adresses dans les parages servent une cuisine d'inspiration bistro. **Le Réservoir** *(9 av. Duluth E., 514-849-7779)* est reconnu pour sa bière, brassée sur place, mais la nourriture y est aussi très bonne. Un peu plus à l'ouest, sur le boulevard Saint-Laurent, le demi-sous-sol du **Laïka** *(4040 boul. St-Laurent, 514-842-8088)* est l'endroit idéal d'où regarder les gens passer sur la *Main*. Notez que vous devrez dévier du parcours et de la rue De Bullion pour vous rendre à ces endroits; regagnez cette rue pour poursuivre le trajet.

7 ▶ *Rue De Bullion, roulez un peu plus de 600 m,* **jusqu'à la rue Rachel.**

Au coin des rues Rachel et De Bullion se trouve une véritable institution du «Petit Portugal», ce quartier enclavé dans le Plateau Mont-Royal et hôte d'une importante communauté lusophone. La **Rôtisserie Romados** *(115 rue Rachel E., 514-849-1803)* vaut le détour (voir la balade «Entre parcs et ruelles, au cœur du Plateau» pour plus de détails, p. 75). Si c'est plutôt un bon café qui vous fait envie, l'un des meilleurs de Montréal est servi en face, au **Café Névé** *(152 rue Rachel E., 514-903-9294).*

Ouvrez les narines: d'alléchantes odeurs flottent dans le coin!

8 ▶ **Continuez dans la rue De Bullion.** *Environ 200 m après la rue Rachel,* **avenue du Mont-Royal, prenez à gauche**, *puis, environ 300 m plus loin,* **tournez à droite dans la rue Clark.**

La rue Clark traverse le quartier du Mile-End du sud au nord. Elle est parfaite pour rouler à vélo, puisqu'une belle piste cyclable y a été aménagée, de l'avenue du Mont-Royal jusqu'à l'avenue Van Horne.

9 ▶ *Faites un peu plus de 1 km dans la rue Clark**. Notez que vous roulerez pendant un moment dans le sens contraire de la circulation : cela est correct puisqu'une chaussée désignée vous le permet. **Rue Saint-Viateur, prenez à gauche**. Vous apercevrez le dôme de l'église Saint-Michel-Archange.*

S'il est une église à découvrir dans le Mile-End, c'est bien l'**église Saint-Michel-Archange** *(aussi appelée Saint Michael's and Saint Anthony's ; 5580 rue St-Urbain ; tlj 7h à 9h30)*. L'architecte Aristide Beaugrand-Champagne s'inspira étonnamment du style byzantin pour créer ce lieu de culte catholique, qui détonne dans le paysage résidentiel ouvrier du quartier. D'abord destinée à la communauté irlandaise, cette église sert aujourd'hui la communauté portugaise. Son imposant dôme de 23 m de diamètre était, avant l'édification de l'oratoire Saint-Joseph, le plus important de la ville. Notez que l'église est ouverte durant la messe du matin, mais vous pouvez toujours essayer d'y entrer à une autre heure de la journée : vous pourriez être chanceux.

10 ▶ *Empruntez la rue Saint-Urbain**, qui borde l'église, **vers le sud**, le seul sens permis. Roulez 400 m puis, **avenue Fairmount, prenez à droite***.

L'avenue Fairmount représente bien la différence entre le Mile-End et Outremont. Dans sa première partie, jusqu'à la rue Hutchison, elle prend un aspect déstructuré et éclaté. À l'ouest d'Hutchison, elle est plus chic et plus sobre, à l'image d'Outremont. Notez que vous passerez ici devant le populaire café **La Croissanterie Figaro** *(5200 rue Hutchison, 514-278-6567)*. Sa terrasse est l'une des plus jolies à Montréal.

Observez l'évolution du paysage entre le Mile-End et Outremont...

11 ▶ *Rendez-vous tout au bout de Fairmount (800 m)**. **Avenue Bloomfield, prenez à gauche***.

À l'angle des avenues Laurier et Bloomfield s'élève l'**église Saint-Viateur**, qui date de la seconde décennie du XXe siècle. D'inspiration néogothique, son intérieur est remarquable, orné par des artistes renommés en peinture (Guido Nincheri), en verrerie (Henri Perdriau), en ébénisterie (Philibert Lemay) et en sculpture (Médard Bourgault et Olindo Gratton). Les fresques recouvrant le plafond des voûtes et racontant la vie de saint Viateur sont très particulières.

12 ▸ *Devant l'église, **prenez l'avenue Laurier à droite**, puis tournez **tout de suite à droite dans le chemin de la Côte-Sainte-Catherine**. **Vous roulerez environ 4 km** – dont une bonne partie sur une piste cyclable avant de devoir emprunter la rue – **jusqu'à l'avenue Decelles**.*

La piste cyclable du chemin de la Côte-Sainte-Catherine vous protège des voitures, mais certainement pas de la longue pente qui se trouve à cet endroit. Elle n'est toutefois pas trop ardue et passe par un joli coin d'Outremont. Au n° 543, remarquez l'**ancien hôtel de ville d'Outremont**, construit en 1817. La bâtisse servit notamment d'entrepôt pour la Compagnie de la Baie d'Hudson, d'école et de prison. Un poste de péage se trouvait sur le chemin de la Côte-Sainte-Catherine à cet endroit, pour percevoir un droit d'utilisation destiné à l'entretien du chemin, afin d'isoler ce quartier aisé du reste des terres de l'île. Aujourd'hui le bâtiment loge la mairie d'arrondissement d'Outremont. Notez que le chemin de la Côte-Sainte-Catherine emprunte un ancien sentier amérindien qui, tout comme aujourd'hui, contournait la montagne.

13 ▸ ***L'avenue Decelles** se trouve juste après le **collège Brébeuf** (3200 ch. de la Côte-Sainte-Catherine). **Prenez-la à gauche**. Vous roulerez environ 600 m sur Decelles.*

L'avenue Decelles, très fréquentée par les étudiants de l'Université de Montréal, offre un bon point de vue sur votre destination. À l'angle de la rue Jean-Brillant, vous pourrez en effet admirer l'impressionnant dôme de l'oratoire Saint-Joseph, où vous vous rendez.

Envie de vous attabler à une terrasse? Le chemin de la Côte-des-Neiges se trouve deux rues à l'est.

14 ▸ ***Chemin Queen-Mary, tournez à droite**, puis roulez 400 m, jusqu'à l'entrée de l'oratoire. Nous vous recommandons de cadenasser votre vélo pour visiter ces lieux pentus. Si vous préférez poursuivre à vélo, entrez par l'entrée du stationnement, à droite de l'entrée des piétons quand vous regardez en direction de l'oratoire.*

Érigé à flanc de colline, ce qui accentue son caractère mystique, l'**oratoire Saint-Joseph** (*entrée libre; tlj 7h à 20h30; 3800 ch. Queen-Mary, 514-733-8211, www.saint-joseph.org; métro Côte-des-Neiges*) est coiffé d'un dôme en cuivre, l'un des plus imposants du monde. De la grille d'entrée, il faut gravir plus de 300 marches pour atteindre la basilique ou prendre l'ascenseur. L'oratoire a été aménagé entre 1924 et 1967 à l'instigation du bienheureux frère André, de la Congrégation de la Sainte-Croix, portier du collège Notre-Dame (situé en face) à qui l'on attribue de nombreux miracles. Ce véritable complexe religieux est donc à la fois dédié à saint Joseph et à son humble créateur. Il comprend la basilique inférieure, la crypte du frère André et la basilique supérieure, ainsi qu'un musée. L'oratoire est un des principaux lieux de dévotion et de pèlerinage en Amérique. Il accueille chaque année quelque deux millions de visiteurs. L'enveloppe extérieure de l'édifice fut réalisée dans le style néoclassique, mais l'intérieur est avant tout une œuvre moderne. La basilique est dotée d'un imposant orgue du facteur Beckerath, que l'on peut entendre gratuitement tous les dimanches de 15h30 à 16h. L'observatoire de l'oratoire Saint-Joseph, d'où l'on embrasse du regard l'ensemble de Montréal, est le point culminant de l'île à 263 m de hauteur. La réception est située au Pavillon des pèlerins en face de la boutique.

DRING DRING!

Un honneur partagé

On attribue l'expression de «ville aux cent clochers» à l'écrivain Mark Twain. C'est le spectacle de la ville depuis la tour de l'hôtel Windsor qui aurait inspiré l'Américain lors de son passage à Montréal en 1881. Il s'agit toutefois d'un honneur partagé puisque sept autres villes, toutes en Europe, sont aussi appelées de la sorte, dont Prague, Dijon et Poitiers.

15 ▶ *Pour poursuivre le trajet, **revenez sur vos pas dans le chemin Queen-Mary** comme si vous vouliez regagner l'avenue Decelles, mais **tournez plutôt à droite** à la première intersection, **dans le chemin de la Côte-des-Neiges**. Vous devrez rouler dans cette rue un peu plus de 3 km, qui comprend une montée de 500 m, mais qui redescend ensuite jusqu'au centre-ville.*

La vue de Montréal depuis l'observatoire de l'oratoire est fabuleuse!

Le long chemin de la Côte-des-Neiges est le cœur du quartier du même nom, dans lequel vous roulez actuellement mais dont la partie vibrante est plus au nord. Il se rend jusque dans le centre-ville, où, à partir de la rue Sherbrooke, il devient la rue Guy. La partie du chemin que vous devez ici parcourir n'est pas la plus facile: une belle montée de quelque 500 m vous y attend. C'est dans l'ordre des choses, puisque vous longez ici le mont Royal. Rapidement, dès que la montée commence, vous n'êtes plus dans le quartier Côte-des-Neiges mais vous entrez plutôt dans Westmount (voir la balade «Montréal la bourgeoise» pour plus de renseignements, p. 12).

Notez qu'à environ 1,5 km le chemin de la Côte-des-Neiges devient une voie à sens unique vers le nord. Pourtant, la voie que vous occupiez en direction sud continue: pratiquement, cela ne change rien pour vous, sinon que vous emprunterez, sans constater de changement, le chemin McDougall sur quelque 300 m puis l'avenue du Docteur-Penfield sur environ 250 m. Quand Docteur-Penfield recroise Côte-des-Neiges, prenez Côte-des-Neiges à droite.

La descente emprunte des sections où les voitures sont parfois nombreuses. Si vous ne vous sentez pas à l'aise, nous vous conseillons de mettre pied à terre et de marcher jusqu'à la rue Sherbrooke.

Après toute cette grimpette, la descente est bien méritée!

16 ▶ Rue Sherbrooke, continuez tout droit dans la rue Guy *jusqu'à la prochaine intersection.* **Boulevard De Maisonneuve, prenez la piste cyclable à gauche.** *Faites environ 1 200 m sur la piste.*

Vous voilà au centre-ville, sur la piste cyclable du boulevard De Maisonneuve qui s'appelle «piste Claire-Morissette». Militante écologiste, Claire Morissette (1950-2007) a mené une lutte acharnée pour que le vélo retrouve sa place dans les rues de Montréal. La piste qui porte son nom est aujourd'hui l'une des plus utilisées de la ville, et elle relie entre autres le campus Sir George Williams de l'Université Concordia à celui de l'Université du Québec à Montréal (UQAM).

17 ▶ Rue Union, tournez à droite. *Faites 400 m, puis,* **boulevard René-Lévesque, tournez à gauche.** *Moins de 100 m plus loin, sur votre droite, se trouve la basilique St. Patrick.*

Au centre-ville, soyez attentif aux piétons qui traversent souvent la rue sans prévenir.

Fuyant la misère et la maladie de la pomme de terre, les Irlandais arrivent nombreux à Montréal entre 1820 et 1860, où ils participent aux chantiers du canal de Lachine et du pont Victoria. La construction de la **basilique St. Patrick** *(460 boul. René-Lévesque O.; tlj 8h30 à 18h)*, qui servira de lieu de culte à la communauté catholique irlandaise, répond donc à une demande nouvelle et pressante. Au moment de son inauguration en 1847, l'église dominait la ville située en contrebas. Elle est, de nos jours, bien dissimulée entre les gratte-ciel du centre des affaires. Le père Félix Martin, supérieur des Jésuites, et l'architecte Pierre-Louis Morin se chargèrent des plans de l'édifice néogothique, style préconisé par les Messieurs de Saint-Sulpice qui financèrent le projet. Paradoxe parmi tant d'autres, l'église St. Patrick est davantage l'expression d'un art gothique français que de sa contrepartie anglo-saxonne. Chacune des colonnes en pin qui divisent la nef en trois vaisseaux est un tronc d'arbre taillé d'un seul morceau.

Pour rester dans l'esprit de la basilique St. Patrick et finir cette balade en beauté, notez qu'un pub irlandais, qui fait aussi office de restaurant, a pignon sur rue à proximité. Les bonnes adresses où manger ne sont pas légion dans les alentours de la basilique, mais **Le Vieux Dublin** *(636 rue Cathcart, 514-861-4448)* compense en originalité ce qui lui manque en finesse. À la grande sélection de bières s'ajoute une cuisine d'inspiration indienne qui n'a rien d'irlandais (il y a tout de même des *fish and chips…*)

▶ *À partir de la basilique St. Patrick, pour vous rendre au Vieux Dublin, revenez sur vos pas sur le boulevard René-Lévesque. À la première intersection, rue du Square-Phillips, prenez à droite. La rue Cathcart est la première : mettez pied à terre et marchez jusqu'au pub, à 50 m sur votre gauche.*

Notez que la **station de métro Square-Victoria** *(601 av. Viger O.)* est la plus proche de la basilique St. Patrick.

▶ *À partir de la basilique St. Patrick, pour rejoindre la station de métro Square-Victoria, revenez sur vos pas sur le boulevard René-Lévesque. À la première intersection, tournez à gauche dans la côte du Beaver-Hall et roulez 300 m jusqu'à l'avenue Viger. La station est sur votre droite, au 601, avenue Viger Ouest.*

Le tour de Montréal
à travers
ses marchés

››› 20 km
⏱ 2-3 heures
🚲 Petits mollets

Accessible en *biXi*.

Les marchés publics font partie de la vie des Montréalais, qui recherchent des produits frais et locaux. Pourquoi ne pas prendre quelques heures pour les découvrir – ou les redécouvrir ? Cette balade vous mènera ainsi vers les trois principaux marchés de Montréal, avec quelques bonnes adresses à la clé. Gourmands, à vos guidons !

Itinéraire *Du marché Jean-Talon en passant par la rue des Carrières, le quartier Hochelaga-Maisonneuve, le marché Maisonneuve, la rue Notre-Dame, le canal de Lachine, jusqu'au marché Atwater.*

Ils sont devenus des incontournables pour les épicuriens de la province, las des grandes surfaces à l'offre aseptisée. Le week-end, leurs stationnements sont remplis, et leurs étals bien garnis. Décidément, la vogue des marchés publics ne semble pas s'essouffler au Québec, où l'on en compte pas moins d'une cinquantaine. Dans la métropole, trois grands marchés se partagent la faveur des Montréalais. Nous entamerons cette balade dans le plus vibrant de ceux-là, le marché Jean-Talon.

Munissez votre vélo de sacoches, si vous prévoyez faire des achats.

1 ▶ **Le marché Jean-Talon se trouve entre l'avenue Casgrain et l'avenue Henri-Julien, et entre la rue Jean-Talon et l'avenue Mozart**. *De la station de métro Jean-Talon, empruntez la rue du même nom vers l'ouest. Roulez un peu plus de 200 m puis, avenue Henri-Julien, prenez à gauche. Le marché se trouvera sur votre droite.*

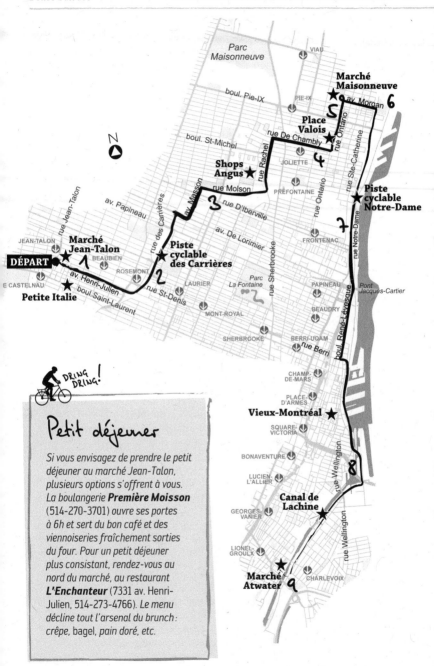

Petit déjeuner

Si vous envisagez de prendre le petit déjeuner au marché Jean-Talon, plusieurs options s'offrent à vous. La boulangerie **Première Moisson** *(514-270-3701) ouvre ses portes à 6h et sert du bon café et des viennoiseries fraîchement sorties du four. Pour un petit déjeuner plus consistant, rendez-vous au nord du marché, au restaurant* **L'Enchanteur** *(7331 av. Henri-Julien, 514-273-4766). Le menu décline tout l'arsenal du brunch: crêpe, bagel, pain doré, etc.*

Le **marché Jean-Talon** a été aménagé en 1933 sur l'ancien terrain de crosse des Irlandais, le stade Shamrock. Le site devait à l'origine servir de terminus d'autobus, ce qui explique la présence de quais, avec marquises de béton. Le marché Jean-Talon ressemble aujourd'hui à ces maisons de fortune, rafistolées avec ce qui tombe sous la main : il a grandi au fil des ans, sans que personne ne se doute jamais qu'il deviendrait l'énorme marché qu'il est aujourd'hui. Mais ce manque de planification rationnelle va bien avec le style général du marché, très «bohème épicurien»... Les matins de week-end, les clients s'y promènent les bras chargés de produits, zigzaguant entre les étals dans un brouhaha sympathique. De fait, le marché Jean-Talon est aujourd'hui le plus fréquenté à Montréal.

Des boutiques d'alimentation spécialisées, souvent aménagées dans les fonds de cours des immeubles dont les façades donnent sur les rues avoisinantes, encerclent le site du marché. Le centre est occupé par les agriculteurs offrant leurs produits frais dès 8h le matin. Un amoncellement de fruits et légumes de saison, ainsi que divers autres produits, vous sont offerts à des prix uniques en ville. Même s'il demeure ouvert toute l'année, le meilleur temps pour le visiter est la belle saison s'échelonnant de la mi-avril à la mi-octobre.

Pour les fruits, la fruiterie **Cybelle**, située du côté nord du marché, est un incontournable. Les bananes, oranges et mangues y sont bon marché, mais pas toujours de la meilleure qualité. C'est l'endroit idéal, donc, pour faire quelques bons coups si l'on n'a pas peur de tâter du fruit... La fruiterie **Chez Nino**, située du côté sud, offre quant à elle des produits de meilleure qualité, mais plus chers.

Avec plus de 500 fromages différents, la **Fromagerie Hamel** offrirait la plus grande sélection au Québec. Et les clients ne s'y trompent pas : ils y viennent en masse. Le service est donc courtois, mais peu personnalisé lors des grandes affluences.

DRING DRING!

La Petite Italie

*Si vous voulez découvrir la Petite Italie, cadenassez votre vélo et dirigez-vous vers la Main. Là se trouve une épicerie chère à la communauté italienne de Montréal, **Milano** (6862 boul. St-Laurent). On y vend des produits fins venus d'Europe : pâtes fraîches, chocolats, proscuitto, provolone, etc. Juste à côté, l'incontournable **Café Italia** (6840 boul. St-Laurent) sert de très bons cappuccinos dans un décor suranné, où les murs sont couverts d'affiches de la squadra azzura de toutes les époques... Pour regagner l'avenue Henri-Julien, empruntez la rue Dante. Cette artère représente bien le quartier tranquille qui entoure le marché Jean-Talon. Au coin de l'avenue Henri-Julien se dresse l'église Notre-Dame-de-la-Défense, célèbre pour son intérieur dessiné par Guido Nincheri. On y trouve par ailleurs un portrait de Mussolini sur son cheval, au-dessus du maître-autel, qui a longtemps suscité la controverse.*

2 ▶ **Faites environ 1 km sur l'avenue Henri-Julien vers le sud, jusqu'au bout** : là, sous le viaduc Van Horne, se trouve la **piste cyclable des Carrières**. Empruntez-la à gauche.

La piste cyclable des Carrières longe une voie ferrée dont les murs anti-bruit sont devenus, au fil des ans, le lieu de prédilection des graffiteurs montréalais. Gardez l'œil ouvert, donc, puisque quelques murales sont réussies. Notez par ailleurs que la voie ferrée sépare deux quartiers : la Petite-Patrie au nord et le Plateau Mont-Royal au sud.

Si vous souhaitez faire un détour par la Petite Italie, prenez note que le boulevard Saint-Laurent est à sens unique vers le nord.

3 ▶ *La piste cyclable se termine au coin des rues Masson et D'Iberville, 2 km plus loin.* **Continuez par Masson** *dans la même direction, et* **tournez à droite dans la première rue après D'Iberville, soit la rue Molson**.

En roulant dans la rue Molson, vous remarquerez, sur votre gauche, un complexe de logements. Là se trouvaient naguère les Shops Angus, ces ateliers du Canadien Pacifique chargés de produire des wagons. La fermeture complète de l'usine, en 1992, a entraîné 1 000 mises à pied. Des groupes communautaires ont racheté les terrains et les bâtiments, pour en faire des logements et des espaces à bureaux. Les Shops Angus, comme on les appelle familièrement dans le quartier Rosemont, représentent aujourd'hui un exemple réussi de revitalisation.

4 ▶ **Rue Rachel, prenez la piste cyclable à gauche**. *Roulez environ 1 km, puis* **prenez la rue De Chambly à droite**. *Faites moins de 1 km dans la rue De Chambly, et* **tournez à gauche dans la rue Ontario**.

Avez-vous de bons freins ? En bas de la rue Sherbrooke, ça descend !

La **rue Ontario** est une des principales artères du quartier Hochelaga-Maisonneuve et celle où la revitalisation du quartier est la plus apparente. Historiquement pauvre, Hochelaga-Maisonneuve vit une période plus faste depuis quelques années, avec l'arrivée dans le quartier de jeunes familles. On pousse même la volonté de renouveau jusqu'à appeler le quartier «HoMa», en référence au quartier SoHo de New York. Vous pourrez apercevoir la **place Valois**, toute récente, au croisement de la rue Ontario et de l'avenue Valois. Entourée d'un restaurant de fine cuisine française, **Le Valois** *(25 place Simon-Valois)* et de quelques boutiques fines, elle est à l'image de la prospérité que plusieurs souhaitent pour le quartier. Hochelaga-Maisonneuve conserve toutefois des indicateurs de pauvreté supérieurs à la moyenne montréalaise.

5 ▶ *Faites environ 800 m dans la* **rue Ontario jusqu'au marché Maisonneuve**.

Plus à l'est se trouve le **marché Maisonneuve** (*4445 rue Ontario E., 514-937-7754*), tout à la fois un marché vibrant et un témoin privilégié de l'histoire. Autrefois ville indépendante, la cité de Maisonneuve est née en 1883 du désir de créer dans l'est un Westmount francophone. Les notables qui menaient la cité ont fait ériger le marché Maisonneuve, en plus de tracer l'avenue Morgan directement dans son axe. Ils ne manquaient pas d'ambition pour la large artère, qu'ils voulaient voir devenir l'équivalent montréalais de l'avenue des Champs-Élysées... Les rêves de grandeur acculèrent leur cité idéale à la ruine, et Maisonneuve fut annexée à Montréal en 1918.

Le bâtiment de style Beaux-Arts construit en 1914 trône encore en maître sur la place du Marché, au centre de laquelle se trouve une œuvre importante du sculpteur Alfred Laliberté intitulée *La fermière*. L'ancien marché abrite aujourd'hui un centre communautaire et sportif. Depuis 1995, les commerces et les étals logent ainsi dans un nouveau bâtiment, attenant, qui n'a pas la prestance de son prédécesseur. Si les commerces qui s'y trouvent sont moins intéressants et moins nombreux qu'aux marchés Jean-Talon et Atwater, le marché Maisonneuve reste tout de même un incontournable, simplement pour la beauté de la place du Marché et pour celle de l'avenue Morgan.

Vous trouverez dans le nouveau bâtiment certains commerces d'intérêt. La **Fromagerie Maisonneuve** (*514-251-9516*) propose quelques spécialités à ne pas manquer : le brie aux truffes ou les baklavas, faits maison. Le propriétaire est égyptien, le gérant est libanais et le commerce, franchement convivial. Petite boutique offrant un grand choix, **Les Aliments Merci** (*514-899-1066*) se spécialise dans l'équitable et le bio. Vinaigre balsamique de Palestine, pâtes japonaises, soda allemand (Spritzer) sont en vente dans cette tour de Babel gastronomique.

6 ▶ *Descendez l'***avenue Morgan jusqu'au bout**.

Admirez la perspective « à la française » de l'avenue Morgan.

À la fin de la large avenue Morgan, au coin de la rue Sainte-Catherine, se trouve le **Théâtre Denise-Pelletier** (*4353 rue Ste-Catherine E., 514-253-8974, www.denise-pelletier.qc.ca*). L'ancien cinéma Granada a été reconverti en salle de théâtre en 1977, et porte désormais le nom de l'une des grandes comédiennes de la Révolution tranquille, morte prématurément. Le **parc Morgan**, a quant à lui été aménagé en 1933 à l'emplacement de la maison de campagne d'Henry Morgan, propriétaire des magasins du même nom. Du chalet, au centre, on peut contempler une étrange perspective où le marché Maisonneuve se superpose à l'énorme silhouette du Stade olympique.

7 ▶ *Traversez le parc et* **prenez à droite la piste cyclable qui longe la rue Notre-Dame**. *Roulez un peu plus de 6 km sur cette* **piste qui emprunte plus loin le boulevard René-Lévesque**.

Pour plus de détails sur la piste cyclable de la rue Notre-Dame, consultez la balade «La campagne à Montréal» (p. 102). En tournant à gauche dans la rue Berri, vous entrez progressivement dans le **Vieux-Montréal**, que vous allez traverser pour aller dans l'ouest de la ville.

Depuis la piste de la rue de la Commune, la vue sur Montréal résume bien le mélange architectural qui la caractérise.

8 ▶ ***Rue Berri, prenez la piste à gauche***. *Au bout,* **rue de la Commune, prenez à droite** *et suivez toujours la piste. Faites environ 2 km, jusqu'à un petit pont que vous devez traverser tout en suivant la piste.* **Quelque 500 m plus loin, la piste se sépare en deux: prenez à droite**. *Vous longerez bientôt le* **canal de Lachine**.

La piste du **canal de Lachine** est sûrement l'une des plus belles à Montréal, et certainement l'une des plus utilisées. Elle est fort appréciée car elle permet de se rendre dans le Sud-Ouest directement tout en évitant la congestion automobile, en plus de longer le très paisible canal. Nous relatons l'histoire du canal de Lachine, essentielle pour comprendre le quartier et la ville, dans la balade «Le grand fleuve» (p. 90).

9 ▶ *Comptez un peu plus de 2 km avant d'arriver à une passerelle qui enjambe le canal: vous saurez que c'est la bonne car elle se trouve juste devant le* **marché Atwater** *et sa tour.*

Le **marché Atwater** *(138 av. Atwater, 514-937-7754)* a la réputation d'être chic et cher. Mais selon ses habitués, on y trouve des produits rares et exotiques qui valent amplement leur pesant d'or. Atwater est en fait devenu l'éden de plusieurs amateurs de cuisine. Ses boucheries attirent des clients des quatre coins de la ville. Sa poissonnerie est célèbre. Ses légumes sont coûteux mais, selon des inconditionnels, ils sont plus beaux que ceux du marché Jean-Talon... Le marché attire ainsi une clientèle bigarrée, venant en partie de Westmount qui n'est pas très loin, et des quartiers limitrophes plus populaires: Saint-Henri, la Petite-Bourgogne et Pointe-Saint-Charles.

«On regarde à Atwater et on achète à Jean-Talon» dit-on.

Le marché a été construit en 1932 dans le cadre des programmes de création d'emplois de la Crise (1929). Il s'agit d'une élégante réalisation

Art déco. Sa tour caractéristique a abrité les logements du concierge et du gérant jusqu'en 1970. Des marchands sont installés à l'intérieur des murs, mais des étals sont alignés devant la façade du bâtiment durant l'été.

Plusieurs commerces sont dignes de mention. La **Boucherie charcuterie de Tours** *(514-931-4406)* fournit plusieurs grands restaurants de la métropole. Le gérant se targue de pouvoir conseiller d'excellentes recettes pour toutes les viandes qu'il vend. **Aux Douceurs du Marché** *(514-939-3902)* est quant à elle une petite boutique biscornue où les tablettes débordent de produits des quatre coins du monde : poivre de Madagascar, huile de safran, pruneaux d'Agen. Depuis près de 20 ans, les propriétaires proposent aux Montréalais des aliments introuvables ailleurs à Montréal. Ils vendent 375 variétés d'huile, environ 45 sortes de vinaigre et une tonne d'épices... Doyenne du marché, la **Fromagerie du Marché Atwater** *(514-932-4653, www.fromagerieatwater.ca)* est en affaires depuis près de 40 ans. Outre ses fromages, l'endroit est renommé pour son confit de canard de Saint-Apollinaire, en provenance du Canard Goulu.

C'est ici que se termine cette tournée des marchés montréalais. Si vous voulez flâner dans les alentours du marché Atwater, vous pouvez en apprendre davantage sur le quartier Saint-Henri en consultant la balade « Montréal ouvrier » (p. 60). À quelques coups de pédales du marché se trouvent d'ailleurs plusieurs tables, des plus banales aux plus courues, pour celui qui aurait un creux après avoir vu tant d'étals.

▶   *La station de métro Lionel-Groulx, à l'angle de l'avenue Atwater et de la rue Saint-Jacques, est la plus proche.*

Et pourquoi pas s'offrir un peu de repos sur un banc au bord du canal ?

2 *Balades*
atypiques

Montréal créatif   52

Montréal ouvrier   60

À travers les quartiers tranquilles
de NDG et Hampstead   69

Entre parcs et ruelles,
au cœur du Plateau   75

Montréal
créatif

```
▸▸▸  10 km                    Accessible en BIXI.
 ⏱  1-3 heures
 🚲  Petits mollets
```

Voici un parcours pour ceux qui veulent une dose simultanée de culture et de sport. Cette balade sillonne le centre-ville et le Plateau en quête de lieux riches en créativité, de musées et de galeries d'art uniques à Montréal. Du populaire Centre Canadien d'Architecture aux plus anonymes galeries de l'avenue De Gaspé, voici une manière originale de découvrir ce qui se fait de mieux en arts, design et architecture dans la métropole.

Itinéraire Du Centre Canadien d'Architecture, en passant par l'édifice Belgo, la Maison d'architecture du Québec, le Quartier des spectacles, la galerie-boutique Commissaires, la galerie Simon Blais, jusqu'aux galeries méconnues de l'avenue De Gaspé.

C'est au coin de l'avenue Atwater et de la rue Sainte-Catherine que commence cette balade. Un édicule de la station de métro Atwater se trouve à cette intersection.

⋀ ▶ **Empruntez la rue Sainte-Catherine vers l'est**, *dans le sens de la circulation.* **Roulez environ 300 m et, rue du Fort, tournez à droite**. *Environ 150 m plus loin,* **rue Baile, tournez à gauche**. *L'entrée du Centre Canadien d'Architecture (CCA) se trouve juste avant la rue Saint-Marc, sur votre droite.*

Fondé en 1979 par l'architecte Phyllis Lambert, le **Centre Canadien d'Architecture** *(10$, entrée libre jeudi 17h30 à 21h; mer-dim 10h à 17h, jeu 10h à 21h; 1920 rue Baile, 514-939-7026, www.cca.qc.ca)* est à la fois un musée et un centre de recherche sur l'architecture du monde entier. Les collections de plans, dessins, maquettes, livres et photographies d'architecture du CCA sont les plus importantes du genre dans le monde.

Le centre, érigé entre 1985 et 1989, comprend six salles d'exposition, une librairie, une bibliothèque, un auditorium de 217 places et une aile spécialement aménagée pour les chercheurs, sans compter les voûtes et les laboratoires de restauration. L'édifice principal en forme de *U* a été réalisé par l'architecte Peter Rose, assisté de Phyllis Lambert. Il s'intègre à la belle **maison Shaughnessy**, construite en 1874, représentative des demeures bourgeoises qui bordaient autrefois la rue Dorchester (aujourd'hui le boulevard René-Lévesque).

Le jardin du CCA et ses sculptures contemporaines valent le détour également.

Unique au Canada, tant par son ampleur que par sa mission, le CCA propose des expositions thématiques tout au long de l'année. La **librairie du CCA**, débordante de livres, est l'endroit tout indiqué pour bouquiner et trouver de beaux ouvrages sur le design et l'architecture.

2 ▶ *Continuez dans la rue Baile. Rue Saint-Marc, prenez à gauche. Environ 150 m plus loin, **tournez à droite dans la rue Sainte-Catherine**, où se trouve, environ 250 m plus loin, la galerie de la Faculté des beaux-arts de l'Université Concordia.*

La **galerie de la Faculté des beaux-arts de l'Université Concordia (FOFA)** *(lun-ven 11h à 19h; 1515 rue Ste-Catherine O., local EV 1-715)* présente des œuvres d'étudiants, de diplômés et de professeurs de cette université reconnue dans le domaine des arts visuels. La galerie a été aménagée au rez-de-chaussée du nouveau pavillon Génie, informatique et arts visuels, qui, avec ses formes modernes et son revêtement de verre, est vite devenu un repère incontournable dans le paysage montréalais.

3 ▶ *Tournez à gauche dans la rue Guy, puis prenez tout de suite **à droite la piste cyclable du boulevard De Maisonneuve**.*

La piste cyclable du boulevard De Maisonneuve, appelée «piste Claire-Morissette», est fort pratique pour traverser le centre-ville. Pour connaître l'origine de son nom, référez-vous à la balade «La ville aux cent clochers» (p. 42).

DRING DRING!

Le Musée des beaux-arts de Montréal

*Vous roulez ici tout près du **Musée des beaux-arts de Montréal** (1379-1380 rue Sherbrooke O., 514-285-2000, mbam.qc.ca). Il s'agit du plus important et du plus ancien musée québécois, regroupant des collections variées qui dressent un portrait de l'évolution des arts dans le monde depuis l'Antiquité jusqu'à nos jours. Le musée présente aussi de dynamiques expositions temporaires. Pour y accéder, de la rue Saint-Marc, roulez environ 400 m sur De Maisonneuve, puis tournez à gauche dans la rue Bishop. À environ 100 m se trouvent les deux bâtiments principaux du musée, de part et d'autre de la rue Sherbrooke.*

Méfiez-vous des piétons qui traversent parfois la piste cyclable...

4 ▶ *Roulez un peu moins de 2 km sur De Maisonneuve. **Rue City Councillors**, soit une rue après le bâtiment qui abrite le magasin La Baie que vous croiserez sur votre droite, **tournez à droite**. Peu après, **tournez à gauche dans la rue Sainte-Catherine**. L'édifice Belgo est situé environ 150 m plus loin.*

L'**édifice Belgo** (*372 rue Ste-Catherine O.*) est un ancien édifice commercial qui abrite aujourd'hui un centre d'art foisonnant qui rassemble une vingtaine de galeries. Il est un des points centraux de l'art contemporain à Montréal, et les visiteurs peuvent y flâner en parcourant les cinq étages riches en découvertes. Plusieurs galeries du Belgo valent le détour, entre autres le **Centre des arts actuels Skol** (*espace 314, 514-398-9322*), la **galerie Roger Bellemare** (*espace 502, 514-871-0319*), la **galerie B-312** (*espace 403, 514-874-9423*), le **centre d'art Optica** (*espace 508, 514-874-1666*), ainsi que la **galerie Joyce Yahouda** (*espace 516, 514-875-2323*). L'édifice abrite aussi des studios de danse et de théâtre.

Avant la rue Saint-Antoine, remarquez la façade de verre coloré du Palais des congrès et la sculpture-fontaine intitulée *La Joute,* de l'artiste Jean Paul Riopelle.

5 ▶ *Continuez dans la rue Sainte-Catherine. À la première intersection, prenez la **rue De Bleury à droite**. Roulez environ 600 m et tournez à gauche dans la rue Saint-Antoine. À moins de 200 m se trouve la Maison de l'architecture du Québec.*

rue Ste-Catherin

DÉPART ATWATER

rue du Fort

Centre Canadien d'Architecture

Vouée à l'architecture et à l'urbanisme, la **Maison de l'architecture du Québec** *(mer-ven 13h à 18h ; 181 rue St-Antoine O.)*, jadis connue sous le nom de la «galerie Monopoli», a été fondée en 2001 au 5e étage de l'édifice Belgo. Elle a déménagé ses pénates il y a quelques années dans un beau local du Quartier international. Derrière la façade patrimoniale, on trouve des expos toujours pertinentes qui rassemblent des photos, des maquettes ou des installations en rapport avec l'habitat et la ville.

Un peu à l'écart de ce parcours se trouve un très beau centre d'arts visuels, installé dans une ancienne usine, la **Fonderie Darling** (voir p. 62). Vous pouvez faire un petit détour afin de la visiter, en tournant à droite dans la première rue à l'est de la Maison de l'architecture, soit la rue Saint-Urbain. Faites environ 500 m et tournez à droite dans la rue de la Commune. Environ 700 m plus loin, prenez la rue

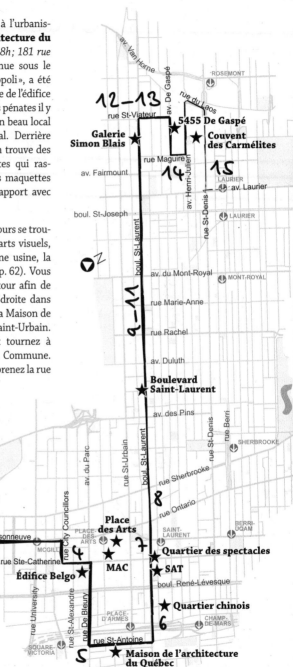

Queen à droite. Après quelques coups de pédales, vous croiserez la rue Ottawa, où se trouve la Fonderie Darling. Pour poursuivre le parcours, regagnez la rue de la Commune, mais plutôt que de tourner dans la rue Saint-Urbain, rendez-vous environ 150 m plus loin et prenez le boulevard Saint-Laurent à gauche.

6 ▶ *Après la Maison de l'architecture,* **faites environ 300 m dans la rue Saint-Antoine. Boulevard Saint-Laurent, prenez à gauche.** *Vous roulerez, en tout, environ 4 km sur le boulevard Saint-Laurent.*

Il y a beaucoup de circulation sur le boulevard Saint-Laurent. Soyez prudent!

Vos premiers coups de pédales sur le boulevard Saint-Laurent vous mèneront en plein cœur du **Quartier chinois**. Né de l'immigration massive de Chinois vers le Canada à la fin du XIXe siècle, il demeure un point de rencontre pour les Sino-Montréalais. Vous noterez les deux portes qui surplombent le boulevard Saint-Laurent et qui définissent le début et la fin du quartier. Offertes par Shanghai, elles ont été construites en 1998. Les idéogrammes qui y sont gravés signifient : *prendre ce que nos prédécesseurs nous ont donné pour bâtir un meilleur avenir.*

Le Quartier chinois abrite aussi de nombreux restaurants... vietnamiens, dont **Pho Bang New York** *(1001 boul. St-Laurent, 514-954-2032),* l'un des meilleurs du coin. Ses soupes sont excellentes.

7 ▶   Continuez sur le boulevard Saint-Laurent.

Tout de suite après le Quartier chinois, entre le boulevard René-Lévesque et la rue Ontario, vous traverserez le cœur du **Quartier des spectacles**, un territoire d'un kilomètre carré ponctué de 80 lieux de diffusion culturelle. N'hésitez pas à vous arrêter à la **SAT** ou **Société des arts technologiques** *(1195 boul. St-Laurent, 514-844-2033, www.sat.qc.ca),* un centre disciplinaire de création et de diffusion voué au développement et à la conservation de la culture numérique, qui propose régulièrement des événements artistiques, dont de nombreux concerts et des soirées animées par des DJ renommés.

En traversant le boulevard De Maisonneuve, remarquez l'église au toit rouge éclatant, à votre gauche.

8 ▶   Continuez sur le boulevard Saint-Laurent.

Vous arriverez très vite au croisement de la rue Ontario. Ici, le boulevard Saint-Laurent vous réserve un défi : une belle pente qui monte jusqu'à la rue Sherbrooke. N'hésitez pas à mettre le pied à terre si cette difficulté a raison de vous.

La Place des Arts et le MAC

*À l'angle du boulevard Saint-Laurent et de la rue Sainte-Catherine, il vous faudra poser le pied à terre et marcher deux rues vers l'ouest (sur la gauche), si vous souhaitez rejoindre l'esplanade de la **Place des Arts** (175 rue Ste-Catherine O., 514-842-2112, www.pda.qc.ca), où se trouve le **Musée d'art contemporain (MAC)** (185 rue Ste-Catherine O., 514-847-6226, www.macm.org), le plus grand musée de ce genre au Canada, qui abrite de nombreuses collections d'œuvres d'artistes réputés. Profitez de ce petit détour pour vous arrêter à la **Vitrine culturelle** (145 rue Ste-Catherine O., 514-285-4545, www.vitrineculturelle. com), un guichet unique où se renseigner et se procurer des billets pour tous les spectacles à Montréal.*

Passé la rue Sherbrooke, c'est ici que commence la section la plus grouillante de la *Main*. Puisqu'il s'agit d'une rue commerçante, il faut garder à l'esprit que la circulation est dense, que les portières s'ouvrent sans avertissement et que les piétons ont la fâcheuse habitude de traverser le boulevard sans se soucier des vélos. Restez donc vigilant.

9 ▶ *Continuez sur le boulevard Saint-Laurent.*

Plusieurs boutiques de créateurs montréalais ont pignon sur le boulevard Saint-Laurent. Côté design, la boutique **Interversion** *(4273 boul. St-Laurent)* offre une belle vitrine aux créateurs de meubles québécois.

10 ▶ *Continuez sur le boulevard Saint-Laurent.*

Pour boire un café ou un verre, juste avant le boulevard Saint-Joseph, la **Casa del Popolo** *(4873 boul. St-Laurent, 514-284-3804)* et sa terrasse intimiste située à l'arrière sont parfaites. En soirée, l'endroit est couru pour ses concerts aux consonances éclectiques: pop, rock, folk, jazz, musique actuelle et électronique. Jetez un coup d'œil sur le fameux *Distroboto* à l'entrée du bar : cette machine distributrice à cigarettes reconvertie offre, pour 2 $, des œuvres d'artistes locaux qui vont de la bande dessinée à la prose, en passant par les cassettes et les mini-CD.

11 ▶ *Continuez sur le boulevard Saint-Laurent.*

Le parc du Portugal, au coin de la rue Marie-Anne, est parfait pour une petite pause

La *Main* compte plusieurs autres adresses d'intérêt au nord de l'avenue Laurier. L'incontournable boutique-galerie **Commissaires** (5226 *boul. St-Laurent*) se fait un devoir de présenter des œuvres de designers québécois. Elle expose en alternance des meubles, des imprimés et des luminaires. En face se trouve la galerie **CO** (*5235 boul. St-Laurent*), qui fait aussi boutique, avec ses objets design élégants, d'ici et d'ailleurs. Les amateurs d'art devraient arrêter à la **galerie Simon Blais** (*5420 boul. St-Laurent*), véritable institution montréalaise de réputation internationale, qui offre une vitrine à des artistes d'envergure souvent bien établis. À côté, la galerie d'art **Monastiraki** (*5478 boul. St-Laurent*) présente le travail de quelques-uns des plus excentriques artistes de la métropole.

Au coin de l'avenue Laurier se dresse l'étonnante caserne de pompiers n° 30... un vrai faux château!

12 ▶ *Rue Saint-Viateur, tournez à droite.*

La **rue Saint-Viateur** est au Mile-End ce que l'avenue du Mont-Royal est au Plateau. Il s'agit de l'artère principale de ce quartier éclectique, jeune et vibrant qui s'étend à l'ouest du boulevard Saint-Laurent. C'est dans la rue Saint-Viateur qu'on trouve plusieurs des commerces qui donnent au Mile-End son identité.

Au coin du boulevard Saint-Laurent et de la rue Saint-Viateur, vous pouvez apercevoir les bureaux québécois du géant français du jeu vidéo, **Ubisoft**. Le lieu est devenu le symbole de la place grandissante qu'occupe la métropole dans la création et l'industrie du jeu vidéo.

13 ▶ *Roulez environ 200 m dans la rue Saint-Viateur et tournez à droite dans l'avenue De Gaspé.*

Cette partie de l'avenue De Gaspé, située dans le nord du Plateau, détonne dans les alentours. Les immenses immeubles industriels qui bordent la rue étaient jadis entièrement dédiés à la production textile. Mais le déclin de cette industrie à Montréal a changé le portrait-type des locataires. On trouve désormais, dans ces grands espaces, de jeunes créatifs: graphistes, ébénistes, musiciens, en plus des traditionnels ateliers textiles. Le **5455 De Gaspé** est devenu un repère de galeries, avec le **Centre Clark** (*local 114; arts visuels actuels*), la **galerie Diagonale** (*local 203; arts textiles*) et l'**Agence Topo** (*local 1001; multimédia*). On trouve à la porte voisine l'**Atelier Circulaire** (*5445 av. De Gaspé, local 503; arts imprimés*). Attacher son vélo et faire le tour de ces galeries est un bon moyen de découvrir un autre visage de l'art contemporain montréalais, en plus d'être un bon prétexte pour entrer dans ces deux mastodontes de béton.

Il n'y a personne dans ces rues... Vous pouvez rouler tranquille!

14 ▶ *Suivez l'avenue De Gaspé jusqu'à la rue Maguire, que vous prendrez **à gauche**. Prenez tout de suite **à gauche** l'avenue Henri-Julien. Le couvent des Carmélites est à 150 m.*

Au coin des avenues Henri-Julien et du Carmel se trouve le **couvent des Carmélites**, dont les élégants bâtiments, construits par l'ordre contemplatif en 1896, sont dignes d'intérêt. Le site bucolique est entouré de terrains vagues et d'immeubles industriels parsemés de graffitis qui donnent au lieu un caractère insolite.

14 ▶ ***Continuez sur l'avenue Henri-Julien. Rue du Laos, tournez à droite** et suivez-la **jusqu'à la rue Saint-Denis**, que vous prendrez **à droite**. Faites environ 450 m dans la rue Saint-Denis, jusqu'à l'avenue Laurier.*

De retour dans la civilisation... et la circulation!

Sur votre droite se trouve l'**École nationale de théâtre** (*5030 rue St-Denis*), qui occupe un bel immeuble classique, construit en 1930 par l'architecte Jean-Omer Marchand. On y forme la crème des auteurs, metteurs en scène et comédiens de chez nous, fleuron du théâtre québécois depuis 1978.

Pour casser la croûte, rendez-vous de l'autre côté de la rue, au restaurant **La petite marche** (*5035 rue St-Denis*), une adresse déglinguée et sympathique. Sa terrasse est ceinturée d'une clôture faite de pièces de vélos, en guise d'invitation aux cyclistes affamés...

▶ *Si vous désirez prendre le métro, sachez que la **station de métro Laurier** est tout proche: revenez sur vos pas par la rue Saint-Denis et tournez à droite dans l'avenue Laurier. Vous verrez, à environ 100 m sur votre gauche, l'édicule de la station.*

Montréal
ouvrier

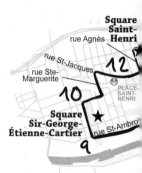

Square
Saint-
rue Agnès **Henri**

rue St-Jacques   **12**

rue Ste-
Marguerite

10   PLACE-
SAINT-
HENRI

Square
Sir-George-
Étienne-Cartier   ★

rue St-Ambro'

9

>>> 12 km

⏱ 2-3 heures

🚲 Petits mollets

Partiellement accessible en **bixi**.

Premiers quartiers populaires au Canada, Griffintown, Pointe-Saint-Charles et Saint-Henri sont la mémoire ouvrière de Montréal. Victime du déclin manufacturier de la métropole, ce secteur qu'on appelle le Sud-Ouest vit aujourd'hui une revitalisation : les anciennes usines accueillent des appartements, des galeries d'art ou des bureaux à la fine pointe de l'innovation. Voici donc une balade éclectique entre passé et renouveau, en plein cœur du Montréal ouvrier.

Itinéraire *À partir de l'intersection des rues William et McGill (métro Square-Victoria), en passant par Griffintown, Pointe-Saint-Charles, jusqu'à Saint-Henri (station de métro Lionel-Groulx).*

Ce parcours commence au point de rencontre entre le Vieux-Montréal et **Griffintown** (métro Square-Victoria), un des plus anciens quartiers populaires de la métropole. Berceau de la communauté irlandaise au pays, Griffintown a accueilli des milliers d'insulaires fuyant les grandes famines au début du XIXe siècle. Les résidants d'origine irlandaise ont depuis longtemps quitté le quartier, remplacés au milieu du XXe siècle par des « Canadiens français » et des immigrants italiens et juifs. La construction de l'autoroute Bonaventure a entraîné la destruction d'une bonne partie du quartier en 1960. Depuis, les gouvernements ont mis une série de mesures en place pour relancer Griffintown : des mesures fiscales décrétées en 1997 ont favorisé l'établissement d'entreprises du domaine des technologies de l'information. La partie Est du quartier

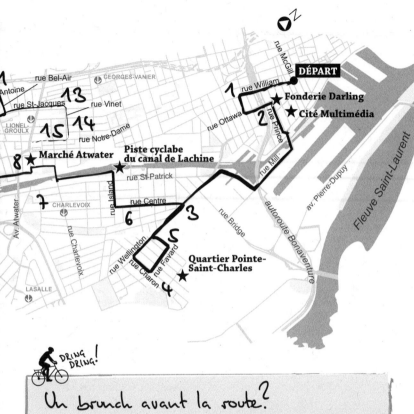

Un brunch avant la route?

*À noter, la présence tout proche d'un restaurant apprécié pour ses brunchs, **le Cartet** (106 rue McGill, 514-871-8887). À la fois restaurant et épicerie fine, c'est l'endroit tout indiqué pour manger avant de s'attaquer à cette balade.*

est depuis connue sous le nom informel de Cité Multimédia. C'est, des anciens quartiers ouvriers de Montréal, celui qui a vécu la transformation la plus radicale.

1 ▶ *À l'intersection des rues William et McGill*, lorsque vous regardez vers le fleuve, ***prenez la rue William à droite***. En passant la rue King, jetez un œil vers le sud : vous pourrez apercevoir plusieurs anciennes usines transformées en immeubles à bureaux grâce au projet de la Cité Multimédia. ***Passez sous l'autoroute Bonaventure**, **prenez la rue Ann à gauche**, puis **la rue Ottawa tout de suite à gauche***.

Dans la rue Ottawa, à l'angle de Dalhousie, se trouve une des plus anciennes usines encore intactes à Montréal. La **New City Gas Company** (*956 rue Ottawa*) brûlait du coke pour produire le gaz nécessaire à l'éclairage des rues de Montréal, avant la venue de l'électricité. Aujourd'hui inutilisé, l'immeuble est toutefois devenu un cheval de bataille pour l'organisme Héritage Montréal, qui craint qu'il ne soit démoli dans un vaste chantier visant à réaménager l'autoroute Bonaventure. L'autoroute surélevée, construite dans les années 1960, doit en effet être ramenée au niveau du sol et transformée en « boulevard urbain » d'ici 2013, promet la Ville de Montréal.

Il n'y a jamais beaucoup de monde dans le quartier... très agréable pour le vélo!

2 ▶ *Continuez par Ottawa, repassez sous l'autoroute et roulez jusqu'à la rue Prince.*

La **Fonderie Darling** (*3 $; entrée libre le jeudi ; mer-dim 12h à 20h, jusqu'à 22h les jeudis ; 745 rue Ottawa, 514-392-1554, www.fonderiedarling.org*) est un bon exemple de reconversion réussie. Cette ancienne fonderie, située dans ce qui est aujourd'hui la Cité Multimédia, a été transformée en centre d'art, sur l'initiative de Quartier Éphémère, organisme d'intervention en sauvegarde du patrimoine industriel. Bâtie vers 1890, elle a été un moment la deuxième fonderie en importance de la ville. Fermée définitivement en 1991, elle a connu une décennie d'abandon avant sa reconversion. L'ancienne fonderie est désormais un centre de création, de production et de diffusion d'œuvres de jeunes artistes, et renferme des bureaux, des ateliers, un studio de son, une galerie d'art doublée d'une salle d'exposition et un café-restaurant, le **Cluny ArtBar**.

3 ▶ *Prenez la rue Prince à droite. Au bout, sur de la Commune, remarquez **la piste cyclable qui enjambe le pont**, sur votre gauche. **Vous devez suivre cette piste en passant sur le pont**. Quelque **500 m après**, la piste se sépare en deux : **prenez à droite**. De cet embranchement, comptez 400 m avant une fourche où la piste, sur la droite, s'engouffre **sous le pont Wellington**. **Prenez à gauche**. Vous arriverez devant la **rue Wellington : prenez-la à gauche**, dans le sens opposé au pont du même nom.*

Vous voici dans le quartier **Pointe-Saint-Charles**, séparé de Griffintown par le canal de Lachine. La pointe Saint-Charles a été nommée ainsi par les marchands de fourrures Charles Le Moyne et Jacques Le Ber, à qui fut d'abord concédé le terrain. Ils le vendirent à Marguerite Bourgeoys, qui y aménagera la ferme Saint-Gabriel des sœurs de la Congrégation de Notre-Dame en 1668. La nature pastorale des lieux sera grandement troublée par la construction du canal de Lachine entre 1821 et 1825, berceau de la Révolution industrielle canadienne. Le village de Saint-Gabriel s'installe alors sur la pointe Saint-Charles, et deviendra une véritable petite ville avec la construction du pont Victoria entre 1854 et 1860 et l'aménagement de diverses infrastructures ferroviaires. Aujourd'hui, le quartier vit une certaine revitalisation, surtout sur les bords du canal de Lachine. La section de la rue Wellington où vous vous trouvez est toutefois un exemple de la trame urbaine désorganisée qui caractérise une partie du quartier.

4 ▶ *Une piste cyclable apparaît dans Wellington*, à partir de la rue De Condé. Continuez, *passez sous le viaduc* et, à la quatrième intersection après le viaduc, *prenez la rue Charon à gauche*, puis *la rue Favard à gauche*.

Remarquez que les escaliers extérieurs, si typiques de Montréal, sont presque totalement absents du quartier...

La jolie **rue Favard** a ici des airs de village. Elle est située dans le sud du quartier – divisé en deux par une voie ferrée– un secteur typique de Pointe-Saint-Charles néanmoins très peu connu des Montréalais. On y trouve plusieurs exemples d'architecture résidentielle ouvrière avec jeux de briques, boiseries et incrustations de terre cuite. La rue se trouve sur les anciennes terres des sœurs de la Congrégation de Notre-Dame, qui furent loties graduellement.

5 ▶ *Continuez par Favard* jusqu'à la rue de Sébastopol.

Les **maisons du Grand Tronc** (n°s 422 à 444 rue de Sébastopol) comptent parmi les premiers exemples d'habitations spécialement conçues pour les ouvriers par une entreprise en Amérique du Nord. Ces «maisons de compagnie», inspirées de modèles britanniques, ont été construites en 1857 selon les plans de Robert Stephenson (1803-1859), ingénieur-concepteur du pont Victoria et fils de l'inventeur de la locomotive à vapeur. Des sept maisons de quatre logements chacune, dessinées par Stephenson, près de la moitié ont été démolies.

... Mais certaines maisons sont très colorées.

6 ▶ *Tournez à gauche dans Sébastopol*, puis *à droite dans Wellington* sous le viaduc encore une fois. *Continuez jusqu'à De Condé*, que vous emprunterez *à gauche. Prenez la rue Centre à gauche* et roulez environ 700 m.

Belle illustration de la dualité linguistique de Montréal, les églises Saint-Gabriel et Saint-Charles, toutes deux catholiques, ont été bâties à quelques mètres l'une de l'autre. La première était irlandaise, la seconde canadienne-française. Plus souvent qu'autrement, ces deux groupes ne partageaient pas les mêmes églises tout simplement car ils ne partageaient pas la même langue. Les deux édifices imposants ont ainsi été construits selon les plans des mêmes architectes (Perrault et Mesnard).

L'**église Saint-Gabriel** *(2157 rue Centre)* fut érigée en 1893 par la communauté irlandaise catholique de Pointe-Saint-Charles. Le décor intérieur d'origine a été détruit en 1959 par un incendie. Il a été remplacé par un décor minimaliste qui met en valeur les épais murs de moellons de l'édifice. On remarquera le beau presbytère néoroman aux accents Queen Anne qui avoisine l'église.

Détruite par les flammes en 1913, l'**église Saint-Charles** *(2125 rue Centre)* fut rebâtie l'année suivante avec son allure néoromane originale. L'intérieur, aux colonnes peintes en faux marbre, mérite une petite visite. Le presbytère de la paroisse Saint-Charles est, à l'opposé de celui de l'église Saint-Gabriel, une œuvre symétrique influencée par l'École des beaux-arts de Paris.

7 ▶   *Empruntez la rue Island, qui borde l'église Saint-Charles, vers le nord, jusqu'à la **piste cyclable du canal de Lachine**, que vous emprunterez **à gauche**. Roulez environ 600 m, puis **empruntez la passerelle qui traverse le canal**.*

En quittant la passerelle, vous apercevrez le **marché Atwater** *(138 av. Atwater, 514-937-7754, www.marchespublics-mtl.com)*, l'un des marchés publics montréalais. On y trouve, tout au long de l'année, des fruits et légumes de la ferme, ainsi que des boucheries, fromageries et poissonneries. Le marché fut construit en 1932 dans le cadre des programmes de création d'emplois de la Crise (1929). Il s'agit d'une élégante réalisation Art déco (voir la balade « Le tour de Montréal à travers ses marchés » pour plus d'information, p. 44).

8 ▶   *Tout de suite après la passerelle, **tournez à gauche** dans la première rue que vous croiserez, la **rue Saint-Ambroise**.*

Remarquez la minuscule maison juste avant la voie ferrée, au coin de Saint-Augustin !

L'usine de la **Merchants Manufacturing Company** *(4000 rue St-Ambroise)* a été pendant longtemps le principal employeur de Saint-Henri. Dans cette usine acquise par l'entreprise Dominion Textile au début du XXe siècle, on fabrique alors des tissus, des couvertures, des draps et des vêtements en tout genre. Les femmes travaillent en grand nombre dans l'usine, qui connaîtra la première grève du textile à Montréal, en 1891. L'édifice de briques rouges tout en longueur, érigé en 1880, est un bon exemple de l'architecture industrielle de la fin du

XIXᵉ siècle, caractérisée par de grandes ouvertures vitrées et des tours
d'escalier coiffées de corniches de briques.

9 ▶ *Continuez vers l'ouest par Saint-Ambroise et vous
croiserez le square Sir-George-Étienne-Cartier : **tournez à
droite dans la deuxième rue longeant le square**
(celle plus à l'ouest).*

*Ici, on retrouve
de beaux
exemples de
l'habitat type
montréalais,
avec les escaliers
extérieurs.*

Le **square Sir-George-Étienne-Cartier** (*rue Notre-Dame O., en
face de l'église St-Zotique*) honore la mémoire de l'un des pères de la
Confédération canadienne. Il fait partie des améliorations sanitaires
consenties par Montréal, qui avait fort mauvaise réputation en la matière. L'espace vert, entouré de triplex montréalais, a remplacé en 1912
les abattoirs de Saint-Henri, desquels se dégageait une odeur putride qui
avait envahi tout le secteur. On notera la présence d'une jolie fontaine
en fonte au milieu du square. Ceux qui voudraient casser la croûte, boire
un café ou se connecter à l'internet peuvent s'arrêter au **Caffè Mariani**
(*4450 rue Notre-Dame O.*). Cette nouvelle adresse est fort appréciée des
gens du quartier, qui attendaient depuis longtemps qu'un café digne de
ce nom ouvre ses portes dans les environs du square.

10 ▶ *Longez le square vers le nord, puis **tournez à droite
dans la rue Notre-Dame**, puis **à gauche dans la rue
Sainte-Marguerite**. Rendu à la **rue Saint-Jacques,
prenez à droite, vers l'est**. Roulez environ 250 m,
jusqu'à la **place Saint-Henri**.*

La **place Saint-Henri**, autrefois exceptionnelle, a été transformée au
point d'être méconnaissable. Dans un effort effréné de modernisation
dont on déplore aujourd'hui le manque de vision, le collège, l'école, le
couvent et l'église – dont la façade néo-Renaissance faisait front sur le
flanc nord de la place – ont été rasés en 1969-1970 pour être remplacés
par l'école polyvalente et la piscine publique, dont on aperçoit le mur
de briques aveugle. L'ensemble tourne le dos à la place, qui s'était for-
mée naturellement au croisement de la voie ferrée (la gare était située à
proximité), de la rue Saint-Jacques et de la rue Notre-Dame, qui consti-
tuait à la fin du XVIIIᵉ siècle la principale route vers l'ouest de l'île de
Montréal.

Seuls quelques bâtiments ont survécu à la vague de changements des
années 1960, entre autres la caserne de pompiers n° 23, un édifice Art
déco érigé en 1931 à l'emplacement de l'ancien hôtel de ville de la cité
de Saint-Henri (fondée en 1875 et annexée à Montréal en 1905), ainsi
que la caisse populaire (*4038 rue St-Jacques O.*), installée dans l'ancien
bureau de poste, et la Banque Laurentienne (*4080 rue St-Jacques O.*).

11 ▶ *De la place Saint-Henri,* **faites moins de 1 km vers l'est, dans la rue Saint-Jacques**, puis **tournez à gauche dans la rue Bel-Air** et roulez jusqu'à la **rue Saint-Antoine**.

Attention, il n'y a pas de signalisation au coin Bel-Air/Saint-Antoine et il peut y avoir beaucoup de circulation.

La **Parisian Laundry** *(mar-ven 12h à 18h, sam 12h à 17h; 3550 rue St-Antoine O., 514-989-1056, www.parisianlaundry.com)*, tout comme la Fonderie Darling et la station de pompage Craig, s'est ajoutée à la liste de ces édifices industriels réhabilités, devenus aujourd'hui des espaces de diffusion culturelle. La Laundry Company était en effet une blanchisserie commerciale, avant d'être rachetée en 2001 par un grand collectionneur montréalais qui l'a convertie en galerie. Ses larges fenêtres ainsi que ses structures de béton et d'acier, qui rappellent la vocation industrielle du bâtiment, ont su être exploitées afin de mettre en valeur les œuvres exposées.

12 ▶ **Tournez à gauche dans la rue Saint-Antoine**, roulez environ 300 m, puis **prenez la rue Agnès à gauche**.

Vous remarquerez dans la rue Saint-Antoine, entre les rues Rose-de-Lima et Irène, l'ancienne usine d'Imperial Tobacco, divisée en deux énormes bâtisses. Bastion industriel de Saint-Henri, la manufacture de cigarettes construite en 1907 employait à son faîte 3 000 ouvriers. Elle a fermé ses portes en 2003, entraînant la perte de près de 600 emplois. Elle a depuis été reconvertie en complexe résidentiel comme plusieurs autres usines désaffectées dans le quartier.

Un peu plus loin, le long de la rue Agnès, se trouve le quartier des notables de Saint-Henri, situé en bordure de la rue Saint-Antoine. Le beau **square Saint-Henri** (entre l'avenue Laporte, la place Guay, la rue Agnès et la rue St-Antoine), orné d'une fontaine en fonte surmontée d'une copie de la statue de Jacques Cartier (1895-96) qui se trouve à l'intérieur de la station de métro Place-Saint-Henri, a servi de pôle d'attraction pour les nantis de la ville. Le maire Eugène Guay, responsable de ces aménagements, s'est d'ailleurs fait construire en 1902 une demeure au 846 de la rue Agnès, en face du square.

Le square Saint-Henri rappelle un peu le square Saint-Louis...

13 ▶ *Au bout de la rue Agnès,* **tournez à gauche dans la rue Saint-Jacques**. *Peu après l'***avenue Atwater** *se trouve l'église Sainte-Cunégonde.*

L'**église Sainte-Cunégonde** *(2641 rue St-Jacques)* est un vaste temple catholique de style Beaux-Arts dessiné par l'architecte Joseph-Omer Marchand en 1906. L'église a été fermée en 1971, faute de fidèles, et devait alors être démolie. Elle fut heureusement sauvée in extremis et ouverte à nouveau au culte catholique grâce à la communauté d'origine coréenne qui la fréquente depuis 2003.

14 ▶ *À la prochaine intersection,* **tournez à droite dans la rue Vinet***.*

La rue Vinet était autrefois la rue principale d'une petite ville appellée Sainte-Cunégonde, qui fut annexée à Montréal en 1905. L'**ancien hôtel de ville de Sainte-Cunégonde** *(2450 rue Workman, en face du parc Vinet)*, érigé en 1904, servait également de bureau de poste, de caserne de pompiers et de poste de police. Il a aussi logé la première bibliothèque française au Canada. L'édifice abrite aujourd'hui la bibliothèque et le Centre culturel Georges-Vanier. Aujourd'hui, le quartier a perdu ce nom et s'appelle plutôt la Petite-Bourgogne. Il est séparé de Saint-Henri par l'avenue Atwater.

15 ▶ Tournez à droite dans la rue Notre-Dame*.*

Toute la section de la rue Notre-Dame comprise entre les rues Guy, à l'est, et Atwater, à l'ouest, est surnommée «la rue des antiquaires» en raison de la présence de plusieurs commerces qui font dans la brocante et, dans certains cas, dans les antiquités locales. Ces boutiques aux mille trouvailles occupent de beaux bâtiments commerciaux du XIXe siècle, tous situés sur le flanc sud de la rue. Derrière s'étalent les usines vétustes bordant le canal de Lachine. Certaines d'entre elles ont été transformées en complexes d'habitation au cours des années 1980. Au 2490 de la rue Notre-Dame Ouest, on peut voir la belle façade de l'ancien cinéma Corona de 1912, reconverti en salle de spectacle : le **Théâtre Corona**. Tout comme le quartier, le cinéma Corona a connu des heures difficiles dans les années 1960. Repris par la Ville de Montréal en 1967, qui a envisagé le démolir, il est resté dans l'oubli pendant 30 ans, avant d'être racheté par un organisme sans but lucratif. Depuis, il vit une renaissance qui va de pair avec celle de tout le secteur qui l'entoure.

Ici on sent l'effervescence du quartier.

Le coin a aussi vu plusieurs restaurants ouvrir leurs portes, dont certains réputés de par la ville. On se déplace en effet de très loin pour goûter à la monstrueuse côte de bœuf de chez **Joe Beef** *(2491 rue Notre-Dame O., 514-935-6504)*. Le petit restaurant, qui sert une cuisine du terroir revisitée, est toujours rempli, et les prix sont à l'avenant. Pour une addition moins salée, le **Liverpool House** *(2501 rue Notre-Dame O., 514-313-6049)*, petit frère de Joe Beef, est tout indiqué. Le jeune chef y improvise des plats au gré des saisons et de ses inspirations. Notez que pub **Burgundy Lion** *(2496 rue Notre-Dame O., 514-934-0888)*, qui se revendique de la cuisine anglaise, sert un excellent *fish and chips*.

La rue Notre-Dame n'a pas connu la même transformation culinaire dans le quartier Saint-Henri, juste à l'ouest de l'avenue Atwater. On trouve là deux restaurants qui se regardent en chiens de faïence depuis des années et qui font dans la frite, le hot-dog et la poutine: le **Greenspot** *(3041 rue Notre-Dame O., 514-932-2340)* et le **Greene** *(3400 Notre-Dame O., 514-989-7050)*. Mais même ces irréductibles sentent le vent de changement qui souffle sur le Sud-Ouest. Le restaurant Greene offre depuis peu, outre la gamme habituelle du *greasy spoon*, des makis, des sushis et des sashimis. Un menu éclectique, donc, à l'image d'un quartier qui l'est tout autant.

▶   *C'est dans la rue Notre-Dame que se termine cette balade. Si vous voulez vous rendre au centre de la ville, l'idéal est d'emprunter la piste cyclable qui suit le canal de Lachine. Elle passe juste derrière le marché Atwater. Sinon, sachez que **la station de métro Lionel-Groulx** (620 av. Atwater) est tout proche.*

À travers les **quartiers tranquilles**
de NDG et Hampstead

▸▸▸ 13 km
⏱ 2 heures
🚲 Petits mollets

Dans l'ouest de Montréal se trouvent de beaux quartiers tranquilles où habite une importante communauté anglophone. On pense rarement à se promener à vélo à Notre-Dame-de-Grâce, et encore moins à Hampstead. Ces deux quartiers forment pourtant un parcours urbain idéal pour rouler sans stress, dans de larges rues ombragées, bordées de parcs. Ce sont des lieux riches en histoire, avec des rues à la circulation fluide, avec en plus une artère commerçante où flâner.

Itinéraire **Boucle de la station de métro Vendôme à la station de métro Villa-Maria.**

La balade commence à la station de métro Vendôme *(5160 boul. De Maisonneuve O.)*, située dans la partie est de **Notre-Dame-de-Grâce**. Connu simplement sous le nom de NDG (on prononce à l'anglaise « enn-didji »), ce quartier jouxte la petite ville cossue de Westmount et, comme elle, abrite une importante communauté anglophone. Les terres fertiles de NDG furent cédées dès 1650 par le sieur de Maisonneuve, fondateur de Montréal, à un dénommé Jean Décarie. Situé au sud-ouest du mont Royal, dans une zone favorable aux récoltes, NDG a accueilli plusieurs fermes maraîchères qui étaient réputées pour leurs pommes et le fameux « melon de Montréal ». Il reste peu de vestiges de ce passé agricole, sinon l'air vaguement champêtre du quartier.

1 ▶ *Devant l'édicule de la* **station de métro Vendôme**, *empruntez le* **boulevard De Maisonneuve à droite (vers l'est)**. *Puis prenez tout de suite l'* **avenue Grey à gauche**. *Passez la rue Sherbrooke et* **tournez à gauche dans le chemin de la Côte-Saint-Antoine**.

La **maison Décarie** (*5138 ch. de la Côte-St-Antoine*), belle canadienne bien préservée, fut construite vers 1698 par Michel Décarie, fils de Jean. Ses proportions sont typiques des maisons de type normand dont s'inspiraient les colons à l'époque ; toutefois, les murs de la maison ont été recouverts de briques en 1870. Il s'agit d'une des plus vieilles maisons du quartier et de Montréal.

2 ▶ *Continuez dans le chemin de la Côte-Saint-Antoine sur environ 500 m, puis* **tournez à droite dans l'avenue Marcil**.

La belle **avenue Marcil** est typique des rues les plus cossues de Notre-Dame-de-Grâce, avec ses maisons de briques rouges aux jolis balcons de bois. C'est vers le début du XXᵉ siècle que des anglophones qui en avaient les moyens – mais pas suffisamment pour habiter Westmount – commencèrent à s'installer à NDG. Les élégantes maisons à deux étages qu'ils y bâtirent, comme celles de l'avenue Marcil, donnent son cachet à NDG. Encore aujourd'hui, ces maisons sont recherchées pour la qualité de leur bâti, rarement égalé à Montréal.

Il est très agréable de pédaler au milieu de ces belles rues ombragées et calmes.

3 ▶ *À la fin de l'avenue Marcil, un peu moins de 1 km après le chemin de la Côte-Saint-Antoine,* **prenez le chemin de la Côte-Saint-Luc à droite. Tournez tout de suite à gauche dans l'avenue Clanranald**.

Vous êtes maintenant dans la ville d'**Hampstead**. Fondée en 1914, cette bourgade de 7 000 habitants a toujours jalousement défendu son indépendance face à Montréal, son imposant voisin. Le dernier épisode de cette velléité séculaire a eu lieu en 2002, quand la ville fut fusionnée à Montréal par le gouvernement québécois. L'union malheureuse n'aura

duré que quatre ans, après que les citoyens d'Hampstead eurent voté dans une forte proportion pour le retour à une ville autonome. Le caractère anglophone de la ville est visible par plusieurs signes. D'abord, tant sa dénomination que celle de ses rues sont inspirées du quartier résidentiel d'Hampstead, dans la banlieue de Londres. Ensuite, le gentilé de ses habitants – *Hampsteader* – n'a pas d'équivalent français. La ville accueille aussi une forte communauté juive, comme en témoignent les nombreuses et vastes synagogues qui y sont construites.

Sur l'**avenue Clanranald**, les maisons de style victorien et de style Tudor se succèdent. Vers le nord, elles prennent de plus en plus des allures de cottages, tant les terrains sont grands, et donnent à cet endroit, pourtant peu éloigné du centre-ville, un air de banlieue. Malgré les belles et grandes rues parfaites pour le vélo qui se trouvent à Hampstead, vous y verrez peu de cyclistes. Vous y croiserez toutefois peu de voitures non plus… Et c'est tant mieux !

4 ▶ **Continuez sur l'avenue Clanranald** *sur environ 1 200 m, jusqu'au* **chemin Fleet, où vous tournerez à gauche**. *Notez que le chemin Fleet est le prolongement de l'avenue Van Horne à partir de Clanranald. De Fleet,* **tournez à gauche à la troisième intersection, dans le chemin Finchley,** *puis* **tout de suite à droite dans le chemin Lyncroft.** *Prenez* **tout de suite à droite le chemin Hampstead**.

Depuis le chemin Fleet, on aperçoit au loin le dôme de l'oratoire Saint-Joseph.

Vous êtes devant le **parc Hampstead**, un des nombreux parcs que compte la petite ville conçue entre 1930 et 1945 selon les plans de l'Américain Leonard E. Schlemm. De là partent vers le sud plusieurs rues curvilignes en forme de croissant (*crescent*). Hampstead est en grande partie une cité-jardin où l'on trouve de vastes maisons de style Arts & Crafts.

5 ▶ *Continuez* **tout droit dans le chemin Hampstead**. *Au bout, au lieu de tourner à gauche,* **entrez dans le parc,** *dans la* **prolongation du chemin Hampstead,** *qui reprend 10 m plus loin ; empruntez-le* **jusqu'au chemin Glenmore** *et* **tournez à gauche**. *Roulez 800 m (en traversant le chemin de la Côte-Saint-Luc).* **Avenue Fielding, tournez à droite**.

Peu après avoir emprunté Fielding, vous remarquerez que la rue passe par le grand parc de la Confédération, qui délimite, au nord, NDG d'Hampstead. Sachez qu'une piscine publique extérieure *(514-872-1125)* se trouve dans le coin sud-est de ce parc.

6 ▶ *Roulez 1 800 m dans l'avenue Fielding.* **Avenue Patricia, tournez à gauche,** *puis faites environ 800 m avant de* **tourner à gauche dans la rue Sherbrooke**. *Roulez 200 m,* **jusqu'au campus de l'Université Concordia**.

Contrairement au campus du centre-ville de l'Université Concordia, le **campus Loyola** de cette université est en tous points classique. À la manière de l'Université Oxford, l'ancien collège Loyola *(7141 rue Sherbrooke O.)* a été érigé en 1913 avec une ornementation de style néo-Tudor. Le terrain de football américain situé juste en face ajoute au caractère « universitaire » de ce campus. Rappelons que l'Université Concordia est née en 1974 de la fusion du collège Loyola et de l'Université Sir George Williams, qui a donné son nom au campus du centre-ville.

Derrière le bâtiment principal, le réfectoire vaut aussi le détour.

7 ▶ ***Roulez 800 m dans la rue Sherbrooke****. **Avenue King-Edward, prenez à gauche**, puis **tout de suite à droite l'avenue de Monkland***. Environ 300 m plus loin, l'avenue de Monkland croise le boulevard Cavendish.

À l'intersection de l'avenue de Monkland et du boulevard Cavendish se trouve le complexe résidentiel **Benny Farm**. Construit en 1947 pour loger les anciens combattants, Benny Farm est devenu dans les années 1950 une communauté vibrante aux limites du quartier NDG. Dans les années 1990, les locataires ayant vieilli, il a fallu les relocaliser dans d'autres bâtiments mieux adaptés. Avec l'abandon de plusieurs immeubles, *the Farm*, comme l'appelaient ses habitants à majorité anglophone, est vite devenu le sujet de disputes entre promoteurs et tenants du logement social. Finalement a été conclu un compromis qui prévoit que les immeubles de Benny Farm seront transformés en appartements abordables. On attend de cette revitalisation un nouveau souffle pour toute cette partie de NDG.

8 ▶ ***Continuez sur l'avenue de Monkland*** *vers l'est.*

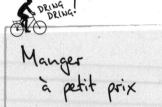

Manger à petit prix

Le côté moins propret, plus bariolé de NDG, se découvre à partir de la rue Sherbrooke. On y trouve ainsi plusieurs lieux chers aux nombreuses communautés culturelles du quartier, tant celles des Caraïbes que celles du sous-continent indien. **Dad's Bagel** (5732 rue Sherbrooke O.), même si son nom ne permet pas de le soupçonner, vend aussi d'excellents pakoras et samosas. À côté, **Bonne bouffe de Jamaïque** (5716 rue Sherbrooke O.) est l'endroit parfait pour manger quelques patties et autres classiques de la cuisine jamaïcaine. Voilà deux bonnes options pour ceux qui veulent manger à petit prix.

Plus à l'est, entre les rues Melrose et Girouard, l'**avenue de Monkland** ressemble à la rue principale d'un village coquet. Avec ses nombreux restaurants et boutiques, on comprend pourquoi cette artère est, depuis les années 1980, l'avenue principale du quartier NDG. Elle est par ailleurs le cœur d'un certain Montréal anglophone, celui d'une classe moyenne urbaine pour laquelle le *West Island* et la banlieue ne sont pas une option.

Pour le cycliste affamé, Monkland est par ailleurs l'endroit parfait pour casser la croûte. En plus d'y retrouver une multitude de cafés et boulangeries qui offrent des sandwichs, ceux qui sont intéressés par un repas plus substantiel y trouveront leur compte. Notons le bistro **le Maistre** *(5700 av. de Monkland, 514-481-2109)*. Sans grande originalité mais avec une constance de la qualité qui l'honore, ce restaurant sert des plats classiques de la cuisine bistro à des prix très corrects. En été, une grande terrasse accueille les clients. Un peu plus à l'est, la **Taverne Monkland** *(5555 av. de Monkland, 514 486-5768)* fait office de véritable institution dans le quartier. On y prépare une cuisine d'inspiration californienne, très nord-américaine donc. Les desserts y sont parfaitement sucrés et l'addition plutôt salée.

9 ▶ **Continuez tout droit** *jusqu'au bout de l'avenue de Monkland.*

En voyant la circulation sur l'autoroute Décarie, vous apprécierez encore plus d'être à vélo!

De l'autre côté du boulevard Décarie, dans le prolongement de l'avenue de Monkland, se trouve la **maison James-Monk** *(4245 boul. Décarie)*. La belle demeure, qui abrite aujourd'hui le pavillon d'entrée du collège Villa-Maria, vaut amplement le détour. Nous vous suggérons de laisser votre vélo à l'entrée, boulevard Décarie, afin de visiter à pied le beau terrain du collège. James Monk, alors procureur général du Bas-Canada, fit construire la maison de pierre en 1803. Elle devint la résidence officielle de trois gouverneurs généraux du Canada : Sir Charles Metcalfe (1844-1845), Lord Cathcart (1845-1846) et Lord Elgin (1847-1849). La tradition prit fin en 1849, lorsque Montréal cessa d'être la capitale du Canada-Uni. La maison, elle, est toujours debout et en excellent état de conservation, ayant même été classée monument historique en 1951. Le terrain du collège Villa-Maria, institution bilingue pour jeunes filles, est parfait pour se promener à pied avant de rentrer à vélo, ou de prendre le métro à la station Villa-Maria, qui se trouve juste à côté.

▶ *Si vous préférez revenir vers le centre-ville à vélo, la rue Sherbrooke est une bonne option : empruntez n'importe quelle rue perpendiculaire à Monkland en direction sud pour la rejoindre. Sinon, la* **station de métro Villa-Maria** *est toute proche, au 4331 boulevard Décarie.*

Entre parcs et ruelles, au **cœur du Plateau**

··· 17 km
⏱ 1-2 heures
🚲 Petits mollets

Accessible en **bixi**

Le cœur de Montréal compte des dizaines de parcs et un chapelet de ruelles. Pourquoi ne pas les découvrir à vélo ? Cette balade vous propose d'arpenter les quartiers centraux de la métropole ; du parc Baldwin, sur le Plateau, jusqu'au parc Beaubien, dans Outremont. Au passage, elle vous mène dans des ruelles typiques afin de rouler, comme par magie, dans l'arrière-cour de la ville.

Itinéraire *Boucle qui part et revient à la station de métro Mont-Royal, en passant par les parcs Laurier, Baldwin, La Fontaine, Jeanne-Mance et Beaubien.*

Qu'ont en commun les parcs et les ruelles ? Ils sont un aparté dans la ville, des lieux épargnés par le vacarme urbain où l'on peut rouler sans stress. Le **Plateau Mont-Royal** est d'ailleurs l'endroit idéal pour commencer une balade à vélo entre parcs et ruelles. C'est cet arrondissement qui, après tout, est devenu l'ambassadeur des transports actifs dans la métropole. L'élection en novembre 2009 d'un maire d'arrondissement décidé à faire plus de place aux piétons et aux cyclistes a confirmé cette tendance. C'est aussi dans cet arrondissement que des citoyens se sont mis en tête de reverdir des ruelles longtemps laissées à l'abandon. Et finalement, le Plateau n'a pas à rougir de ses parcs, parmi les plus beaux de la ville.

↱ ▶ *De la* **station de métro Mont-Royal** (470 av. du Mont-Royal E.), *empruntez l'***avenue du Mont-Royal vers l'est***.

Il y a beaucoup de monde sur le Plateau, surtout la fin de semaine; méfiez-vous des intersections achalandées.

L'**avenue du Mont-Royal** est la principale artère du Plateau Mont-Royal. «Le Plateau», comme l'appellent les Montréalais, est un quartier jeune (30% des résidants ont de 25 à 34 ans) et essentiellement francophone. Il est devenu un exemple de mixité sociale, laquelle tend toutefois à disparaître à mesure que les logements locatifs sont transformés en condos dispendieux. L'avenue du Mont-Royal est à l'image de ce processus, avec ses commerces bigarrés.

2 ▶ *Environ 200 m après la station de métro,* **rue Saint-André, prenez à gauche***. Puis, 20 m plus loin,* **empruntez le passage à droite** *et* **engagez-vous tout de suite dans la ruelle sur votre gauche***.

La **ruelle Saint-André/Mentana** est typique des ruelles du Plateau. Étroite, elle est bordée de cours au-dessus desquelles pendent des cordes à linge. Comme toutes les ruelles à Montréal, elle a été aménagée d'abord comme une voie de service : pour stationner les voitures, ramasser les déchets et afin de permettre un meilleur accès à la cour que celui offert par la traditionnelle porte cochère.

3 ▶ *Traversez la rue De Bienville et* **continuez jusqu'à la fin de la ruelle***.* **Prenez le passage à gauche** *qui vous ramène à la* **rue Saint-André***.* **Tournez à droite** *et roulez environ 300 m.* **Avenue Laurier, prenez à droite** *puis* **tout de suite à gauche la rue de Mentana***. Roulez 600 m.* **Rue Saint-Grégoire, prenez à droite***. À 100 m sur votre droite se trouve une* **piste cyclable qui s'engouffre dans le parc Laurier ; empruntez-la***.

Un appareil photo ne sera pas de trop pour le cycliste curieux!

Le **parc Laurier** se trouve à la limite nord du Plateau, alors que plus haut commence le quartier de La Petite-Patrie. Vous roulez maintenant sur la piste cyclable qui traverse le parc en diagonale, en longeant les terrains de baseball et de soccer. La piscine Sir-Wilfrid-Laurier *(entrée 3 $; 5200 rue De Brébeuf, 514-872-4050)* se trouve sur votre droite.

4 ▶ **Continuez sur la piste cyclable** qui sort du parc et emprunte la **rue De Brébeuf**. Passez l'avenue Laurier puis le boulevard Saint-Joseph. Tout de suite après Saint-Joseph, **prenez à gauche le passage** qui mène à la **ruelle entre De Brébeuf et Chambord**.

La **ruelle Brébeuf/Chambord** – que les gens du coin ont baptisée «ruelle Modigliani» entre Saint-Joseph et Gilford – a été couverte de murales au cours des dernières années, sous l'impulsion de simples citoyens qui ont voulu s'approprier les lieux. Elle est un bon exemple de ces ruelles dites «vertes» qui poussent un peu partout à Montréal.

5 ▶ **Rue Gilford, prenez à gauche**.

Alors que dans la plupart des quartiers de Montréal les rues transversales sont toujours d'importantes artères, le Plateau fait exception. Plusieurs rues est-ouest, comme Gilford ou Marie-Anne plus au sud, sont étroites, ce qui contribue à donner des airs de village au quartier. La **rue Gilford** est donc parfaite pour le vélo, puisqu'on peut y rouler sans avoir l'impression d'être sur une piste de course…

Admirez les petits détails qui font le charme du quartier: balcons, corniches, jardinets…

6 ▶ **Roulez un peu plus de 1 km dans la rue Gilford**. **Rue Fullum, tournez à droite**. Comptez 300 m avant d'apercevoir le **parc Baldwin**.

Le charmant **parc Baldwin** se trouve à la limite est du Plateau, alors que quelques rues plus loin commence l'arrondissement Mercier–Hochelaga-Maisonneuve. Fait méconnu, on retrouvait au début du XXe siècle, dans la partie nord-ouest du parc Baldwin, un hippodrome appelé le «parc de Lorimier».

7 ▶ **Continuez dans la rue Fullum** et, passé le parc, **prenez la rue Rachel à droite**. Roulez un peu moins de 800 m, jusqu'au **parc La Fontaine**.

La rue Rachel: l'autoroute des cyclistes!

Vous voici au **parc La Fontaine**, principal espace vert du Plateau Mont-Royal, créé en 1908 à l'emplacement d'un ancien champ de tir militaire. Des monuments honorant la mémoire de Sir Louis-Hippolyte La Fontaine, de Félix Leclerc et de Dollard des Ormeaux y ont été élevés. D'une superficie de 36 ha, le parc est agrémenté de deux petits lacs artificiels et de sentiers ombragés que l'on peut emprunter à pied ou à vélo. Des terrains de pétanque et des courts de tennis sont mis à la disposition des amateurs. En hiver, une grande patinoire éclairée est entre-

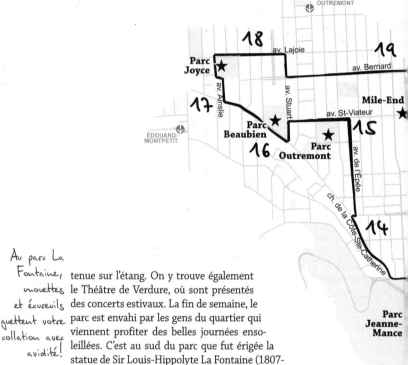

Au parc La Fontaine, mouettes et écureuils guettent votre collation avec avidité!

tenue sur l'étang. On y trouve également le Théâtre de Verdure, où sont présentés des concerts estivaux. La fin de semaine, le parc est envahi par les gens du quartier qui viennent profiter des belles journées enso-leillées. C'est au sud du parc que fut érigée la statue de Sir Louis-Hippolyte La Fontaine (1807-1864), ancien premier ministre du Canada et l'un des principaux défenseurs du français dans les institutions du pays. Libre à vous de vous promener dans le parc ou d'y pique-niquer.

8 ▶ *Continuez dans la rue Rachel.*

Restez sur vos gardes! Au coin de Saint-Denis, piétons et voitures sont de tous côtés.

Juste en face du parc, au coin des rues Rachel et De Brébeuf, le **Café Bicicletta** (*1251 rue Rachel E.*) est dédié aux nombreux cyclistes qui franchissent cette populaire intersection où se rencontrent deux des pistes cyclables les plus utilisées. Il est propriété de l'organisme Vélo-Québec, qui a ses bureaux dans le même immeuble. Groupe de pression cycliste, on doit à Vélo-Québec le Tour de l'île et une bonne part des pistes cyclables que compte Montréal.

9 ▶ *Continuez vers l'ouest dans la rue Rachel. Environ 700 m après le parc La Fontaine, rue Drolet, tournez à gauche.*

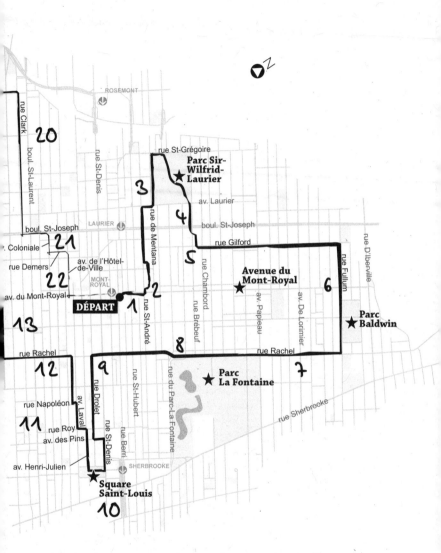

Juste avant de tourner dans la rue Drolet, remarquez l'**église Saint-Jean-Baptiste** *(309 rue Rachel E.)* sur votre droite. Cette église, consacrée sous le vocable du saint patron des Canadiens français en général et des Québécois en particulier, est un gigantesque témoignage de la foi solide de la population catholique et ouvrière du Plateau Mont-Royal au tournant du XXe siècle, laquelle, malgré sa misère et ses familles nombreuses, a réussi à amasser des sommes considérables pour la construction d'églises somptueuses. L'extérieur fut édifié en 1874. L'intérieur, quant à lui, fut repris à la suite d'un incendie, selon des dessins de Casimir Saint-Jean, qui en fit un chef-d'œuvre du style néobaroque à voir absolument. En face de l'église, on peut voir l'ancien collège Rachel, construit en 1876 dans le style Second Empire.

La **rue Drolet** offre un bon exemple de l'architecture ouvrière des années 1870 et 1880 sur le Plateau, avant l'avènement de l'habitat vernaculaire, à savoir le duplex et le triplex dotés d'escaliers extérieurs. Vous serez surpris par la couleur des maisons : des briques vert amande, saumon, bleu nuit ou parme, recouvertes de lierre en été.

10 ▶ *Roulez environ **500 m** dans la **rue Drolet** puis, **avenue des Pins, prenez à gauche**. À la prochaine, **rue Saint-Denis, prenez à droite**. Environ 200 m plus loin se trouve le **square Saint-Louis**, sur votre droite. Engagez-vous dans le chemin qui se rend à sa fontaine.*

Le **square Saint-Louis** est l'un des plus beaux espaces verts de la ville et l'un des rares squares à Montréal. Il a été aménagé en 1880, remplaçant un réservoir d'eau qui y avait été construit entre 1848 et 1851. Des entrepreneurs érigent alors autour du square de belles demeures victoriennes d'inspiration Second Empire, qui constituent ainsi le noyau du quartier résidentiel de la bourgeoisie canadienne-française. Ces ensembles forment l'un des rares paysages urbains montréalais où règne une certaine harmonie.

C'est un incontournable pour tout promeneur !

Notez qu'un comptoir bien sympathique se trouve à l'extrémité ouest du square, installé dans une ancienne vespasienne en pierre. La **Bulle du Carré** *(514-529-6697)* est en effet un arrêt tout indiqué lorsqu'on roule à vélo, surtout parce que sa terrasse dispense les cyclistes de cadenasser leur bicyclette... Au menu, des crêpes salées et sucrées, des viennoiseries, du café, etc. Rien de trop lourd pour la route, donc, et le tout dégusté à l'ombre des arbres du square : parfait.

11 ▶ *Empruntez l'**avenue Henri-Julien**, au nord du parc dans l'axe entre l'ancienne vespasienne et la fontaine. **Roulez environ 300 m** puis, **rue Roy, tournez à gauche**. Tout de suite, **avenue Laval, tournez à droite**. **Roulez un peu plus de 200 m** et, **rue Napoléon, tournez à gauche**. Empruntez la **ruelle à droite**.*

Par ici, les rues sont parmi les plus belles du Plateau.

La ruelle **Laval/De l'Hôtel-de-Ville** est une des plus jolies à Montréal. Entre Duluth et Rachel, elle a été aménagée par les résidants : ils y ont planté plus de 400 plants rustiques à l'automne 2009 dans un effort remarqué de verdissement. Elle est aujourd'hui la principale représentante des « ruelles vertes » sur le Plateau.

12 ▶ *Roulez un peu moins de 500 m dans la ruelle. Rue Rachel, tournez à gauche dans la piste cyclable.*

Cette section bigarrée de la rue Rachel s'appelle le Petit Portugal. Comme la Petite Italie plus au nord, ce quartier a accueilli au début du siècle passé de nombreux immigrants européens, venant notamment du Portugal. Impossible de ne pas mentionner la rôtisserie **Romados** *(115 rue Rachel E.)*. Les sandwichs au poulet qu'on y vend, pour manger sur place ou emporter (pour un pique-nique au parc Jeanne-Mance, par exemple), sont les meilleurs du genre à Montréal.

La rue Rachel commence à grimper... doucement mais sûrement !

13 ▶ *Continuez vers l'ouest dans la rue Rachel. Environ 200 m après le boulevard Saint-Laurent, tournez à droite dans l'avenue de l'Esplanade.*

Devant vous, au bout de la rue Rachel, se trouve le **parc Jeanne-Mance**. Petit frère du parc du Mont-Royal qui se trouve juste en face, il ne cède pourtant pas sa place. Il attire les jours d'été des centaines de Montréalais. Ils y vont pour les tables de pique-nique, disposées à l'est du parc, mais aussi pour les terrains de soccer et de baseball. Allez y faire un tour si vous êtes curieux, mais remontez tout de même par l'avenue de l'Esplanade. Celle-ci est une des plus belles avenues de Montréal, avec ses hautes façades de pierre et les érables argentés matures qui la bordent.

14 ▶ *Au bout du parc, tournez à gauche dans l'avenue du Mont-Royal. Passez l'avenue du Parc et prenez le chemin de la Côte-Sainte-Catherine à droite. Roulez environ 500 m puis prenez le boulevard Saint-Joseph à droite et, sans même faire 5 m, prenez l'avenue de l'Épée à gauche.*

Attention à la circulation automobile, dense ici...

Vous êtes maintenant dans le quartier d'Outremont, et la belle **avenue de l'Épée** se charge de vous le rappeler avec ses demeures bourgeoises aux façades manucurées. Les maisons de briques rouges n'ont toutefois rien en commun avec les châteaux que l'on trouve dans le Haut-Outremont (voir la balade « Montréal la bourgeoise », p. 12). Au coin de Laurier se trouve la belle église Saint-Viateur, que nous décrivons à la page 13. Il y a une boulangerie **Au Pain Doré** *(1145 av. Laurier E., 514-*

276-0947) juste devant l'église, qui vend des sandwichs, pratiques pour improviser un lunch dans un des parcs outremontais.

15 ▶ *Roulez environ 700 m sur l'avenue de l'Épée, puis, avenue Saint-Viateur, tournez à gauche. Vous apercevrez bientôt un parc sur votre gauche.*

Le **parc Outremont** est une des nombreuses aires de détente et de jeux du quartier, très prisées de la population. Il a été aménagé à l'emplacement d'un marécage recevant jadis l'eau d'un ruisseau des hauteurs limitrophes. Son aménagement, qui date du début du XXe siècle, confère à l'endroit une tranquille beauté. Au centre du bassin McDougall trône une fontaine qui s'inspire des *Groupes d'enfants* qui ornent le parterre d'eau du château de Versailles. Un monument se dresse en face de la rue McDougall à la mémoire des citoyens d'Outremont morts durant la Première Guerre mondiale.

Appréciez le calme du quartier!

16 ▶ *Continuez sur l'avenue Saint-Viateur. Au bout de l'avenue, à un peu plus de 200 m du parc Outremont, prenez l'avenue Stuart à gauche. Vous longez maintenant le parc Beaubien.*

Le **parc Beaubien** est situé à l'emplacement du domaine agricole de la famille Beaubien, famille outremontaise dont plusieurs membres ont été des acteurs importants de la scène politique québécoise. Les membres du clan Beaubien habitaient près les uns des autres sur le flanc de la colline dominant leurs terres (en partie à l'emplacement actuel des Terrasses Les Hautvilliers). C'est le plus important parc d'Outremont, si l'on exclut, bien sûr, celui du Mont-Royal.

Le parc Beaubien n'est pas situé près de la rue Beaubien... à ne pas confondre.

17 ▶ *À la première intersection, chemin de la Côte-Sainte-Catherine, prenez à droite. Roulez environ 600 m et, avenue Ainslie, prenez à droite.*

L'avenue Ainslie compte notamment deux résidences intéressantes. Les n°s 18 et 22 sont en effet particulièrement impressionnants, tant par l'ampleur des terrains sur lesquels ils ont été érigés que par le volume des constructions et la majesté de leur composition inspirée du style victorien. Ainslie va longer le joli **parc Joyce**, situé à l'emplacement d'une vaste propriété d'un Canadien d'origine britannique, confiseur de son métier, James Joyce. Il est doucement accidenté et possède une végétation mature, héritée de l'époque du domaine.

18 ▶ À l'intersection des avenues **Hartland** et **Kelvin**, **empruntez la première** et **continuez à longer le parc Joyce**. À la prochaine intersection, **tournez à droite dans l'avenue Lajoie**. **Roulez environ 600 m**.

L'avenue Lajoie forme ici une pente descendante amplement méritée. Faites attention toutefois de respecter la signalisation aux intersections et de ralentir : cette artère est en effet truffée d'arrêts, contrairement à l'immense majorité des rues est-ouest à Montréal.

19 ▶ **Avenue Stuart, prenez à droite**, puis tout de suite **à gauche l'avenue Bernard**. **Roulez un peu plus de 1 km**.

L'**avenue Bernard** est à la fois une artère de commerces, de bureaux et de logements. Sa prestance (avenue large, grands terre-pleins de verdure, aménagement paysager, bâtiments de caractère) reflète la volonté d'une époque de confirmer formellement le prestige de la municipalité grandissante d'Outremont, aujourd'hui fusionnée à Montréal. Elle est moins guindée que l'opulente avenue Laurier, mais on est bel et bien à Outremont.

Sur Bernard, un arrêt au Bilboquet ou à la terrasse d'un café s'impose !

En cas de canicule ou de rage de sucre, sachez qu'un des plus renommés glaciers de Montréal a pignon sur rue tout près de là. **Le Bilboquet** (*1311 av. Bernard*) dispose d'une jolie terrasse, souvent bien remplie en fin de journée. On trouve d'autres terrasses sur l'avenue, notamment celle du **Café Souvenir** (*n° 1261*) et celle du restaurant **Le Petit italien** (*n° 1265*). C'est aussi sur l'avenue Bernard qu'est érigé le **Théâtre Outremont** (*1234-1248 av. Bernard*), édifice Art déco classé monument historique, dont la vocation actuelle est dédiée aux spectacles et au cinéma. Sa décoration intérieure est d'Emmanuel Briffa.

Tout de suite après l'avenue Bloomfield se trouve, caché par l'**épicerie Les 5 saisons** (*1180 av. Bernard*), le **parc Saint-Viateur**. Avec son étang, son petit pont et son joli pavillon revêtu de stuc blanc et érigé sur un îlot, ce parc ne manque pas d'intérêt. S'y réunissent parfois des danseurs de tango les soirs d'été.

Attention : l'accès au parc Saint-Viateur peut facilement passer inaperçu.

20 ▶ **Rue Clark, prenez à droite** et **empruntez la piste cyclable**. **Roulez environ 1 km** dans la rue Clark.

La **rue Clark** est une des rues principales du Mile-End, ce quartier qui fait le lien entre le Plateau et Outremont. Sa piste cyclable est certainement l'une des plus *cool* en ville. Large et bien aménagée, elle permet en effet de rouler en toute insouciance alors qu'on est en pleine ville.

21 ▶ *Tournez à gauche dans le boulevard Saint-Joseph. Roulez environ 200 m, puis **prenez l'avenue Coloniale à droite**. Roulez environ 100 m, puis **tournez à gauche dans la rue Demers**.*

La petite **rue Demers** est l'une des plus jolies et méconnues du Plateau. Fermée à la circulation automobile, cette toute petite rue fleurie, qui ressemble davantage à une ruelle, a des airs de l'Italie et du Portugal.

22 ▶ *Tournez à droite dans l'avenue de l'Hôtel-de-Ville. Avenue du Mont-Royal, prenez à gauche. La **station de métro Mont-Royal** se trouve à environ 700 m de là.*

Cette balade ne vous a pas donné envie d'habiter dans le quartier?

C'est ici que la boucle est bouclée. Sachez que le coin fourmille d'adresses pour ceux qui voudraient casser la croûte ou simplement boire un apéro. Notons surtout **Justine bistro à vin** (*4517 rue St-Denis, 514-287-2552*), qui, comme son nom l'indique, offre une sélection correcte de vins. Le menu, de style bistro, est succinct mais réussi. Pour l'apéro, le bar **Plan B** (*327 av. du Mont-Royal E., 514-845-6060*) dispose d'une agréable terrasse côté cour. Pour manger sans flaflas, **Une Crêpe** (*425 av. du Mont-Royal E., 514-849-0836*) ne réinvente pas l'éternelle galette, mais lui fait tout de même justice à petit prix.

3 Balades pour *prendre l'air*

Le grand fleuve 86

Jusqu'au bout de l'île, le long
de la paisible rivière des Prairies 92

La campagne à Montréal :
les îles de Boucherville 102

La Voie maritime 108

À la plage au Cap-Saint-Jacques ! 114

À Oka, au gré des bois 120

Le **grand fleuve**

> ▸▸▸ 35 km
> ⏱ 3-4 heures
> 🚲 Moyens mollets

Des kilomètres de pistes cyclables lisses et plates longent le fleuve Saint-Laurent. En roulant à travers les arrondissements de Verdun et de LaSalle, vous aurez comme seul souci le vent qui vient du grand fleuve par bourrasques. Vous reviendrez aussi au fil de l'eau, mais au bord du canal de Lachine cette fois, pour finir dans le Vieux-Montréal cette balade aux airs de grand large.

Itinéraire *Boucle à partir du square Victoria en passant par Pointe-Saint-Charles, Verdun, les berges du fleuve, le parc René-Lévesque et le canal de Lachine.*

Oublions la ville un instant, car si ce parcours s'y trouve entièrement, il est ailleurs aussi: loin au large. Rien de mieux que cette boucle pour saisir, à Montréal, l'intensité du fleuve Saint-Laurent et le charme discret du canal de Lachine. Ce n'est donc pas surprenant que le magazine *Time*, dans son palmarès mondial des meilleurs parcours urbains à vélo, ait classé celui du canal au troisième rang.

Choisissez, si possible, une journée sans vent...

Pour commencer cette balade, rendez-vous devant l'édicule de la station de métro Square-Victoria qui se trouve à l'intersection des rues McGill et Saint-Jacques. Juste à l'ouest s'élève la **tour de la Bourse**. Érigée en 1964, l'élégante tour noire de 47 étages abrite les bureaux et le parquet de la Bourse et domine le **square Victoria**.

Au XIXe siècle, le square Victoria adoptait la forme d'un jardin victorien entouré de magasins et de bureaux Second Empire ou néo-Renaissance. Seul l'étroit édifice du 751 de la rue McGill subsiste de cette époque. Le square Victoria a été complètement repensé dans l'esprit de son aménagement premier et demeure ainsi l'un des points de repère importants du Quartier international de Montréal.

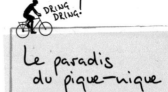

DRING DRING !

Le paradis du pique-nique

À mi-parcours de cette balade se trouve le parc René-Lévesque, l'endroit parfait pour pique-niquer. N'oubliez donc pas d'apporter un lunch. Tout près du point de départ se trouve par ailleurs une boulangerie renommée pour ses sandwichs, **Olive & Gourmando** (mar-sam 8h à 18h, 351 rue St-Paul O.).

↗ ▶ ***Empruntez la piste cyclable de la rue McGill*** *vers le sud. Traversez la rue de la Commune et **prenez la piste cyclable à droite**. Rendu au pont, empruntez la piste qui le chevauche. Quelque 700 m plus loin, **la piste part dans deux directions: prenez à droite**. Après cette intersection, **roulez 1 km sur la piste qui longe le canal de Lachine**, puis **tournez à gauche dans la rue De Montmorency**. Soyez vigilant car le début de la piste n'est pas bien indiqué. Pour vous repérer, sachez qu'au début la rue De Montmorency est flanquée de deux immeubles: l'un est recouvert d'une tôle brune, et l'autre revêtu de briques rouges.*

La piste cyclable peut être prise d'assaut les fins de semaine.

Vous vous trouvez maintenant dans le **quartier Pointe-Saint-Charles**. Pour en savoir plus sur cet ancien bastion ouvrier, voyez la balade «Montréal ouvrier», p. 62.

2 ▶ *La piste de la rue De Montmorency bifurque vers la **rue De Condé**. **Rue Wellington, prenez à droite** et **roulez environ 1,7 km**. Vous passerez sous une autoroute qui délimite Pointe-Saint-Charles et Verdun. Après l'autoroute, comptez 100 m et **prenez la rue Henri-Duhamel à gauche**. **Suivez la piste cyclable**.*

Vous voilà dans le **parc Therrien**, début d'une bande verte de près de 14 km le long du fleuve Saint-Laurent. Cette bande commence à **Verdun**, qui était jadis une ville autonome d'environ 60 000 habitants. Nombre des descendants des immigrants irlandais catholiques, mélan-

DRING DRING!

À vos lunettes

À certains endroits au bord du fleuve Saint-Laurent, les mannes, ou éphémères, pullulent. Ces bestioles, encore plus petites que les moustiques, ont la fâcheuse habitude de se loger dans les yeux ou dans la bouche des cyclistes les plus rapides. Si vous prévoyez rouler à plus de 25 km/h, mieux vaut prévenir et porter des lunettes, question de pouvoir garder les yeux ouverts...

gés aux Canadiens français par métissage, y ont élu domicile dans l'entre-deux-guerres. Elle est aujourd'hui un arrondissement de la Ville de Montréal, populaire pour le calme de ses rues ombragées et pour ses logements abordables.

Notez que vous croiserez la **crémerie Verdun**, sur votre droite, moins de 2 km après l'entrée du parc. On y vend, en plus d'une crème glacée très ordinaire, des bouteilles d'eau qui pourraient s'avérer providentielles en cas de canicule. Vous remarquerez qu'après la crémerie, les berges sont moins boisées. Vous pourrez donc profiter, pour la prochaine dizaine de kilomètres, d'une des plus belles vues sur le fleuve qu'offre l'île de Montréal. Le Saint-Laurent y est large et clairsemé de rapides qui ajoutent, au bleu de l'eau, le blanc des remous. Bien que très belle, la piste cyclable longeant le fleuve n'est jamais trop fréquentée. Vous pourrez donc rouler tranquille, en jetant quelques coups d'œil vers le large. Soyez tout de même vigilant puisque plusieurs piétons font fi de l'interdiction de marcher sur la piste.

Le fleuve est si large ici... on a l'impression de pédaler loin de la ville.

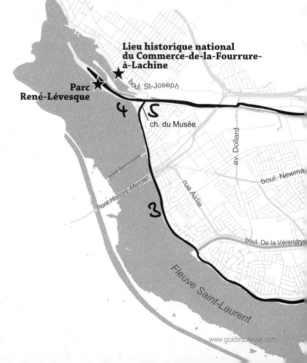

Lieu historique national du Commerce-de-la-Fourrure-à-Lachine

Parc René-Lévesque

boul. St-Joseph

ch. du Musée

4 5

pont ferroviaire

Pont Honoré-Mercier

rue Airlie

av. Dollard

boul. Newma

3

boul. De la Vérendrye

Fleuve Saint-Laurent

Moins de 5 km après la crémerie, sur votre gauche, se trouve le **parc des Rapides** *(514-367-6540)*. Si vous n'êtes pas pressé, arrêtez-vous ici pour aller admirer les célèbres rapides de Lachine qui font vibrer les visiteurs de tout leur être. Ouvert sur le fleuve, le parc permet aussi d'observer les oiseaux migrateurs qui ont trouvé refuge dans les environs, entre autres la plus grande colonie de hérons au Québec après celle du lac Saint-Pierre, la plus importante d'Amérique du Nord..

Avez-vous pensé à votre appareil photo?

3 ▶ **Quelque 3 km après le parc des Rapides**, soit environ 14 km depuis le départ, **vous croiserez une intersection de pistes cyclables** au pied d'un pylône. **Prenez à gauche** en suivant les indications **vers le canal de Lachine**. Vous passerez sous le pont Mercier puis sous un pont ferroviaire.

Continuez sur la piste cyclable et vous croiserez, 3 km après le pylône, l'ancien hôtel de ville de LaSalle *(55 av. Dupras)*. Cet immeuble, qui se trouve sur votre droite, était naguère une usine de produits pharmaceutiques de style Beaux-Arts, avant de devenir la mairie de cette ancienne ville indépendante. En 2002, l'édifice est devenu la **mairie d'arrondissement de LaSalle**, la ville étant fusionnée à Montréal. À cet endroit, la vue est très belle sur la Rive-Sud, de l'autre côté du fleuve, où vous

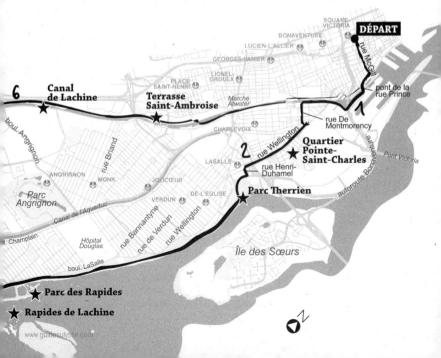

pouvez apercevoir la flèche de l'église de Kahnawake, une réserve amérindienne mohawk.

4 ▶ **Faites 700 m sur la piste cyclable** *jusqu'à une* **intersection où trois pistes cyclables** *vont respectivement vers le parc René-Lévesque, Lachine et le Vieux-Montréal.*

Si vous avez le temps, continuez tout droit pour aller visiter, 1 km plus à l'ouest, le **Lieu historique national du Commerce-de-la-Fourrure-à-Lachine** (*4 $; début avr à début oct tlj 9h30 à 12h30 et 13h à 17h, mi-oct à fin nov mer-dim 9h30 à 12h30 et 13h à 17h, fermé déc à avr; 1255 boul. St-Joseph, 514-637-7433*). La traite des fourrures a représenté, pendant près de deux siècles, la principale activité économique de la région montréalaise. Lachine a joué un rôle primordial dans l'acheminement des peaux vers le marché européen, à tel point que la fameuse Compagnie de la Baie d'Hudson en fit le centre névralgique de ses opérations. Un musée se trouve dans l'ancien entrepôt de la société, érigé en 1803. On y présente divers objets de traite et des exemples de fourrures et de vêtements fabriqués avec ces peaux. Une exposition interactive transporte le visiteur au XIXe siècle. Notez qu'il vous faudra revenir sur vos pas jusqu'à l'intersection pour rejoindre soit le parc René-Lévesque ou le centre-ville.

Dans le cadre de cette balade, nous vous suggérons toutefois de prendre à gauche à l'intersection, vers le **parc René-Lévesque**, à 300 m de là. Ce parc se trouve sur une langue de terre de 1,3 km s'avançant dans le majestueux lac Saint-Louis. La piste cyclable longe le pourtour du parc, et des sculptures contemporaines se dressent sur la partie centrale. Des tables de pique-nique sont disponibles un peu partout, accompagnées de supports à vélos (la bonne idée!). Ce parc est donc l'endroit idéal pour casser la croûte avant de revenir dans le Vieux-Montréal. Notez qu'un atelier de réparation de vélos, doublé d'un comptoir de location, Rossi Sport, est situé à l'entrée du parc.

Vous pouvez aussi faire un petit tour dans le port de plaisance, le long du chemin des Iroquois.

5 ▶ **Revenez jusqu'à l'intersection**, *à 300 m à l'est du parc.* **Suivez les panneaux qui indiquent le Vieux-Montréal** *(à 12,5 km).*

Vous voilà sur la piste du **canal de Lachine**. Inaugurée en 1825, cette voie navigable permettait enfin de contourner les infranchissables rapides de Lachine, donnant ainsi accès aux Grands Lacs et au Midwest américain. Le canal devint en outre le berceau de la Révolution industrielle canadienne, les filatures et les minoteries tirant profit de son eau comme force motrice, tout en bénéficiant d'un système d'approvisionnement et d'expédition direct du bateau à la manufacture.

Fermé en 1970, soit 11 ans après l'ouverture de la Voie maritime du Saint-Laurent en 1959, le canal a été pris en charge par le Service canadien des parcs, qui a aménagé sur ses berges la piste cyclable. Celle-ci n'est pas tout à fait bucolique en partant de Lachine, puisqu'elle longe un quartier industriel et par moments une autoroute. Elle devient de plus en plus agréable alors qu'elle se rapproche du Vieux-Montréal, notamment à Saint-Henri, en face du marché Atwater, où elle est tout à fait jolie.

6 ▶ *Arrivée au niveau de deux ponts adjacents,* **la piste traverse le canal du sud au nord. Suivez-la**. *Quelque 5 km plus loin, la piste se scinde en deux et va soit à droite sur un pont ou droit devant :* **ne prenez pas le pont et continuez tout droit**.

Un peu plus de 10 km après l'intersection de Lachine et à l'extrémité ouest du quartier Saint-Henri se trouve la **terrasse Saint-Ambroise** *(514-939-3060)*. Vous la remarquerez sur votre gauche, directement au bord de la piste cyclable. On y sert des bières produites dans la brasserie McAuslan attenante. Fondé en 1989, McAuslan est vite devenu l'un des principaux acteurs de la scène vibrante des microbrasseries au Québec. La terrasse vise quant à elle la clientèle de cyclistes fourbus qui roule aux abords du canal. N'ayez donc pas honte d'y aller trempé de sueur... Vous pourrez par ailleurs y trouver quelques amuse-gueules à déguster avec votre bière. La terrasse est l'endroit idéal pour regarder passer les cyclistes pressés et couler l'eau du canal de Lachine, en guise de récompense après une belle journée à mouliner.

[note manuscrite :] Terminer cette belle balade en terrasse, quelle bonne idée !

▶ *Une alternative s'offre à vous pour terminer cette balade : selon que vous préfériez profiter du soleil sur la terrasse et rentrer en métro, ou bien continuer jusqu'au centre-ville afin de boucler la boucle.*

Pour vous rendre à la station de métro la plus près, Place-Saint-Henri, empruntez la rue Saint-Ambroise, juste devant la brasserie McAuslan, à droite (est). Roulez 800 m et, rue Sainte-Marguerite, prenez à gauche. Roulez 600 m puis, rue Saint-Jacques, tournez à droite : devant vous, à moins de 200 m, se trouve la station de métro Place-Saint-Henri.

Pour revenir au square Victoria, continuez sur la piste cyclable. Un peu plus loin, la piste traverse le canal du nord au sud : suivez-la. Vous croiserez bientôt un atelier de réparation de vélos, puis de nouveau la piste traverse le canal, du sud au nord : suivez-la. Continuez jusqu'à la rue McGill et prenez à gauche jusqu'à la station de métro Square-Victoria. Vous aurez alors parcouru quelque 35 km.

Jusqu'au **bout de l'île**, le long de la paisible rivière des Prairies

‣‣‣ 35 ou 51 km
🕐 3-4 heures
🚲 Moyens mollets

Si le boulevard Gouin a perdu un peu de son cachet dans la partie ouest de l'île, il n'en est rien dans sa portion est. Ici la grande artère dévoile tout son charme, et la piste cyclable qui la longe est l'une des plus agréables à Montréal. Voici une incursion dans la pointe est de l'île sur les bords de la paisible rivière des Prairies, en passant par le quartier historique du Sault-au-Récollet. Un choix s'offre à vous : un retour par la rue Notre-Dame vers le sud de l'île ou un aller-retour sur Gouin.

Itinéraires *Boulevard Gouin jusqu'au parc-nature de la Pointe-aux-Prairies en aller-retour ou une boucle incomplète qui, au lieu de revenir par Gouin, emprunte la piste cyclable de la rue Notre-Dame jusqu'à la rue Berri.*

Pour mériter le sentiment d'avoir bien roulé, rien de tel que de se rendre à l'extrémité de l'île de Montréal. C'est, pour le commun des mortels cyclistes, l'équivalent du bout du monde et pourtant, une telle balade n'a rien d'éprouvant. Sur les bords de la rivière des Prairies, par le boulevard Gouin, l'entreprise est charmante. La piste cyclable est peu fréquentée, sécuritaire et offre de magnifiques points de vue sur la rivière. Contrairement au parcours qui emprunte le même boulevard pour se rendre dans l'Ouest (voir p. 114), celui-ci n'aboutit pas à une plage mais bien au parc-nature de la Pointe-aux-Prairies. Là, des points d'eau permettent de remplir sa gourde, et des arbres offrent l'ombre nécessaire pour se reposer avant d'entamer le retour, soit par le boulevard Gouin ou la rue Notre-Dame.

1 ▶ *Cette balade commence au* **coin du boulevard Gouin et de l'avenue Christophe-Colomb**.

Pour rejoindre le point de départ, vous pouvez emprunter la Route verte 1, qui traverse l'île de Montréal du nord au sud. Le boulevard Saint-Laurent est aussi un axe majeur qui traverse l'île et que vous pouvez emprunter vers le nord. Sinon, la station de métro Henri-Bourassa est la plus proche du point de départ.

Il y a très peu de voitures dans le coin, la plupart empruntant le boulevard Henri-Bourassa. On ne s'en plaindra pas!

2 ▶ *Empruntez le boulevard Gouin vers l'est*, soit à droite quand vous regardez vers la rivière des Prairies.

S'étirant sur plus de 50 km, le **boulevard Gouin** est la plus longue artère de la ville. Il porte le nom de Lomer Gouin (1861-1929), ancien premier ministre du Québec. Le boulevard Gouin est un incontournable pour quiconque souhaite explorer Montréal à vélo. Puisqu'il est très long, on peut parcourir de grandes distances sans avoir à changer de rue et sans risquer de se perdre.

La piste cyclable du boulevard Gouin, une des plus anciennes à Montréal, traverse ainsi l'île d'est en ouest. Si la partie ouest de la piste zigzague à outrance, celle de l'est est très agréable. Elle emprunte plusieurs parcs, comme le parc-nature de l'Île-de-la-Visitation, et longe souvent la rivière des Prairies. Nous vous recommandons donc de rester sur la piste et de suivre les indications. La piste suit souvent le boulevard Gouin, mais bifurque parfois vers les berges. Dans le cas peu probable où vous ne trouveriez plus la piste, suivez le boulevard Gouin, où elle ne manquera pas de réapparaître.

Au début de cette balade, vous vous trouvez dans le quartier Ahuntsic, plus précisément dans une partie ancienne connue sous le nom de **Sault-au-Récollet**, agréable lieu

DRING DRING!

Des provisions

Ce parcours, bien que charmant, ne regorge pas de restaurants. Si votre idée d'un repas au cours d'une balade à vélo consiste en une portion de frites et un hamburger, alors vous en trouverez sur le boulevard Gouin. Sinon, nous vous conseillons fortement d'apporter un lunch pour casser la croûte dans un des nombreux parcs auxquels cette balade donne accès.

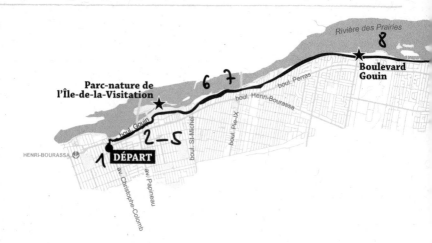

de verdure en bordure de la rivière des Prairies. Au XIXe siècle encore, le Sault-au-Récollet était un lieu de villégiature apprécié des Montréalais, ce qui explique la présence de quelques maisons d'été ayant survécu aux pelles mécaniques. Vers 1950, il formait encore un village agricole isolé de la ville.

3 ▶ *Environ **800 m après l'avenue Christophe-Colomb**, sur votre gauche se trouve l'église de la Visitation de la Bienheureuse-Vierge-Marie.*

Vous croiserez peu après le départ une grande pelouse immaculée : c'est là que s'élève l'**église de la Visitation de la Bienheureuse-Vierge-Marie** *(tlj 8h à 11h30 et 13h30 à 16h30 ; 1847 boul. Gouin E.)* fut construite entre 1749 et 1752, mais fut considérablement remaniée par la suite. Le degré de raffinement atteint ici est tributaire de la féroce compétition que se livraient les paroissiens du Sault-au-Récollet et ceux de Sainte-Geneviève, plus à l'ouest, qui venaient de se doter d'une église du même style. L'intérieur de l'église de la Visitation forme un des ensembles les plus remarquables de la sculpture sur bois au Québec.

L'église de la Visitation de la Bienheureuse-Vierge-Marie est la plus ancienne église de l'île de Montréal.

4 ▶ **Continuez à suivre la piste cyclable du boulevard Gouin** *et moins de 400 m après l'église,* **tournez à gauche dans la rue du Pont**. *Roulez 100 m, jusqu'à un pont.*

Vous êtes ici à l'entrée du **parc-nature de l'Île-de-la-Visitation** *(chalet d'accueil situé au 2425 du boulevard Gouin Est ; début mai à fin août tlj 9h30 à 18h, début sept à fin oct tlj 9h30 à 16h30 ; 514-280-6733). Le parc comprend une vaste bande de terre en bordure de la rivière des*

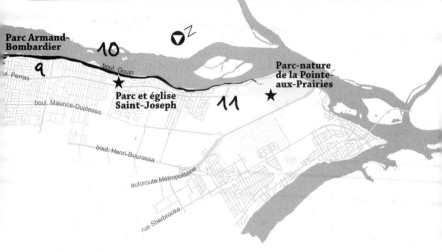

Prairies, ainsi que l'île elle-même, une longue langue de terre fermée à chacune de ses extrémités par des digues qui contrôlent le niveau et le débit de l'eau.

C'est dans la rue du Pont, où vous vous trouvez, que les Sulpiciens firent ériger de puissants moulins sous le Régime français. Il ne subsiste malheureusement plus que de maigres vestiges de ces installations. Juste avant le pont qui enjambe la rivière des Prairies vers l'île de la Visitation, se trouve la **Maison du meunier** *(entrée libre; mai à oct tlj 10h à 18h; 10897 rue du Pont, 514-850-0322)*, qui compte un centre d'interprétation de l'histoire qui permet de mieux comprendre quelle a été l'exploitation industrielle du site. La Maison abrite aussi un restaurant doté d'une jolie terrasse qui surplombe de petites chutes, le **Bistro des moulins** *(514-850-4222)*. Un endroit magique où prendre un verre ou manger.

Remarquez le style des maisons... on se croirait dans un petit village

Si vous voulez visiter l'**île de la Visitation**, nous vous conseillons de cadenasser votre vélo à l'un des supports situés près de la Maison du meunier et de vous y aventurer à pied: plusieurs sentiers sont réservés aux piétons.

5 ▶ ***Prenez à droite** (lorsque vous regardez vers la rivière des Prairies) **la piste cyclable qui s'engouffre dans le parc**, à 40 m de la Maison du meunier et parallèle à la rivière. Cette piste se raccorde à la **piste cyclable du boulevard Gouin** un peu plus loin.*

Vous pénétrez dans le parc. Environ 200 m plus loin, sur votre droite, vous apercevrez la **Maison du Pressoir** *(entrée libre; mai à oct tlj 12h à*

18h ; 10865 rue du Pressoir, 514-280-6783). Érigé en 1806, ce pressoir à cidre serait l'unique exemple de bâtiment en pieux maçonnés qui subsiste dans l'île de Montréal. Restauré en 1982, il abrite aujourd'hui un centre d'interprétation de l'histoire du Sault-au-Récollet.

La piste cyclable en gravier sur laquelle vous roulez est particulièrement réussie et se prolonge sur plus de 2 km dans le parc. Vers la fin de la piste, vous pourrez apercevoir une digue qui rejoint l'extrémité de l'île de la Visitation : s'y trouve la centrale hydroélectrique de la Rivière-des-Prairies, aménagée en 1928 par la Montreal Island Power. Son barrage contient une trappe à poissons qui en fait un lieu de prédilection pour la pêche à l'alose, espèce qui prolifère dans les eaux de la rivière. Vous aurez une très belle vue de la centrale et du barrage depuis la piste cyclable.

Dans le parc, la piste est très belle !

6 ▶ ***Continuez à suivre la piste cyclable du boulevard Gouin**, qui à cet endroit longe la rivière.*

Après le parc de l'Île-de-la-Visitation, vous quittez Ahuntsic et entrez dans **Montréal-Nord**, un quartier résidentiel paisible où demeure une importante communauté d'origine haïtienne. Vous remarquerez un changement dans l'allure des maisons, qui perdent ici leur caractère ancien et patrimonial et ressemblent davantage à des bungalows de banlieue. Cette transformation architecturale va en s'accentuant plus vous allez vers l'est, notamment dans les quartiers de Rivière-des-Prairies et de Pointe-aux-Trembles. Vous aurez peine à sentir le changement, puisque à cet endroit la piste cyclable suit imperturbablement la rivière. Avenue de Bruxelles, toutefois, la piste regagne Gouin.

Il est juste dommage que plusieurs bâtiments cachent la vue sur la rivière...

7 ▶ ***Continuez à suivre la piste cyclable du boulevard Gouin.***

Environ 600 m après la rue de Bruxelles, vous passerez sous le pont Pie-IX, qui relie Montréal et Laval, puis la piste cyclable longe à nouveau la rivière. Environ 800 m après le pont, la piste entre dans le **parc Aimé-Léonard**, un endroit parfait pour pique-niquer. Il y a dans ce joli coin de verdure, devant la rivière, des bancs qui invitent à s'arrêter quelques minutes. Si vous préférez manger plus loin, sachez que d'autres lieux propices vous seront mentionnés plus bas.

8 ▶ ***Continuez à suivre la piste cyclable du boulevard Gouin.***

Environ 4 km après le pont Pie-IX, vous croiserez la 4ᵉ Avenue, qui signale votre arrivée dans l'arrondissement Rivière-des-Prairies–Pointe-aux-Trembles et la fin de Montréal-Nord. La piste cyclable emprunte un peu plus loin le trottoir, avant de revenir dans la rue comme telle, indiquée par des chevrons sur la chaussée. Environ 1 500 m après la 4ᵉ Avenue, toutefois, la piste cyclable regagne la berge de la rivière et entre dans le joli **parc Armand-Bombardier**.

9 ▶ *Continuez à suivre la piste cyclable du boulevard Gouin.*

De la 28ᵉ à la 56ᵉ Avenue, soit sur environ 2,3 km, la piste suit le boulevard Gouin. Les ingénieurs ne remporteront probablement aucun prix pour ce tronçon aménagé dans l'accotement de la route, et agrémenté de poteaux électriques. Ne vous laissez pas démonter, et continuez à suivre la piste. À la 56ᵉ Avenue, la piste longe un instant la rivière et revient sur Gouin où, heureusement, elle est un peu élargie et plus sécuritaire.

Quelques pêcheurs par-ci par-là...

10 ▶ *Continuez à suivre la piste cyclable du boulevard Gouin.*

Passé la 68ᵉ Avenue se trouvent le **parc Saint-Joseph** et la très belle église du même nom *(10005 boul. Gouin E.)*. Avec sa flèche argentée, les statues religieuses sur son parterre et le cadre naturel qui l'entoure, l'**église Saint-Joseph** ressemble à celle d'un village de province. Pour profiter de ce cadre singulier, nous vous conseillons de luncher à cet endroit, de l'autre côté du boulevard Gouin, côté rivière. En guise de barème, notez que l'église se trouve à 15 km du point de départ, soit l'avenue Christophe-Colomb.

11 ▶ *Continuez à suivre la piste cyclable du boulevard Gouin et, 3 km après l'église, se trouve le **parc-nature de la Pointe-aux-Prairies**.*

Vous trouverez sur votre droite l'entrée du **parc-nature de la Pointe-aux-Prairies**, situé à cheval sur les quartiers Rivière-des-Prairies et Pointe-aux-Trembles. Là, une enseigne indique la voie vers le pavillon des Marais (1,3 km tout droit : *12300 boul. Gouin E.*) et le chalet d'accueil Héritage (4,7 km sur la droite). Avec son point d'observation, le pavillon des Marais offre une belle vue sur les marais tout autour et sur la rivière des Prairies. Des toilettes sont disponibles, de même que des fontaines où remplir les gourdes. Notez qu'aucune aire de pique-nique n'est aménagée à cet endroit.

Ici plusieurs options s'offrent à vous. Ce parc-nature est le deuxième en importance à Montréal, et plusieurs pistes cyclables parcourent ses 261 ha. Vous pouvez donc vous y promener à loisir et vous trouverez, à quelques endroits stratégiques, des cartes des lieux. Dans le cas où vous choisissez de faire l'aller-retour par le boulevard Gouin plutôt que la boucle par la rue Notre-Dame, vous n'avez qu'à regagner Gouin et à emprunter le chemin à sens inverse. Si vous retenez cette option, il vous reste un peu plus de 17 km à parcourir. Vous pouvez aussi revenir par la rue Notre-Dame, dans le sud de l'île. Cette variante est plus longue et demande encore de rouler un peu plus de 33 km.

Emportez de quoi réparer votre vélo en cas de crevaison... il n'y a pas grand-monde dans le coin !

▶ *Si vous choisissez l'aller-retour, faites le trajet en sens inverse sur le boulevard Gouin.*

Retour par Notre-Dame

Cette option de retour est plus longue, mais permet de revenir par le sud de Montréal. Notez qu'avant de parvenir à la longue et rectiligne piste cyclable de la rue Notre-Dame, vous aurez à zigzaguer quelque peu. Si vous suivez les indications fournies ici, vous ne devriez pas avoir de difficulté à vous y retrouver.

12 ▶ *Si vous voulez revenir par la rue Notre-Dame,* **empruntez le boulevard Gouin**, *qui longe le parc, mais au lieu d'y tourner à gauche quand vous regardez vers la rivière (vers l'ouest),* **tournez-y à droite (vers l'est)**. **Ne suivez pas la piste cyclable** *lorsqu'elle quitte Gouin et s'engouffre dans le parc.* **Restez sur Gouin**. *Environ 2 km après le pavillon des Marais, vous apercevrez* **un pont**. **Passez dessous**.

Le pont Charles-De Gaulle relie Montréal à la Rive-Nord. Vous êtes ici quasiment au bout de l'île, et les points de vue sur la rivière des Prairies sont particulièrement beaux.

13 ▶ *Une centaine de mètres* **après le pont**, *la* **piste cyclable tourne à droite** *et quitte Gouin pour de bon. À partir d'ici,* **suivez-la**. *Vous tournerez donc à droite.*

La piste s'engouffre ici dans le parc-nature de la Pointe-aux-Prairies. Elle longe un terrain de golf et va rejoindre, environ 1 km après avoir quitté Gouin, une petite rue, la 134ᵉ Avenue. Vous êtes ici dans un joli quartier en retrait, enclavé entre la rivière et le parc.

14 ▶ **Continuez de suivre la piste cyclable**, *qui emprunte sur quelques mètres la* **134ᵉ Avenue** *puis un* **chemin de gravier** *sur la droite. Environ 200 m plus loin, la piste rejoint la* **rue Sherbrooke** *et tourne à droite. Suivez-la.*

La piste cyclable suit la rue Sherbrooke sur environ 500 m avant de se diriger vers la rue Notre-Dame. Nous vous conseillons fortement de la suivre et de revenir par Notre-Dame. Car s'il est vrai que la rue Sherbrooke se rend jusqu'au centre-ville, elle est toutefois très peu accueillante pour les cyclistes dans les parages. Sans accotement ni trottoirs et avec une circulation dense, elle est même carrément dangereuse.

Évitez de rentrer par la rue Sherbrooke. C'est presque une autoroute ici !

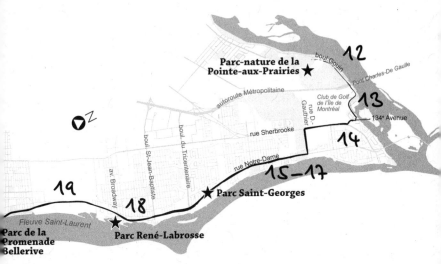

15 ▶ *La piste tourne à gauche dans la 81ᵉ Avenue, suivez-la. Roulez environ 400 m*, puis là où la piste se sépare en deux, **juste après le chemin de fer, prenez à droite**. Longez le chemin de fer sur environ 1 km, puis **suivez la piste lorsqu'elle tourne à gauche**. Elle va rejoindre, environ 200 m plus loin, la **rue Notre-Dame**, où vous **prendrez à droite**.

Quand après bien des détours, la piste rejoint enfin la rue Notre-Dame, c'est à ce point exact que commence la piste cyclable qui se rend au centre-ville. D'autres détours sont toutefois à venir. Ceux qui préféreraient continuer dans Notre-Dame plutôt que de suivre la piste cyclable peuvent le faire. Ils rejoindront celle-ci plus loin. Les autres n'ont qu'à suivre ces indications et se laisser guider par la piste cyclable qui zigzague dans Pointe-aux-Trembles, dans des endroits tranquilles que les cyclistes ne visiteraient pas autrement.

On peut apercevoir la masse trapue du mont Saint-Hilaire, au loin de l'autre côté du fleuve...

16 ▶ *Après environ 1 km,* **la piste** *tourne à droite juste après la 57ᵉ Avenue, puis tout de suite à gauche dans la rue Prince-Albert.* **Suivez-la.** *Environ 1 km plus loin,* **la piste tourne à droite dans la 45ᵉ Avenue**, *puis quelques coups de pédales plus loin,* **à gauche dans un petit chemin. Suivez-la.**

Sur un peu plus de 100 m, la piste passe entre des clôtures et des haies de cèdre. Vous êtes ici presque dans l'arrière-cour des bungalows de Pointe-aux-Trembles...

17 ▶ *La piste va rejoindre la rue De La Gauchetière* et, *moins de 400 m plus loin,* **tourne à gauche dans un terrain vague** *pour* **rejoindre encore une fois la voie ferrée**, *puis la* **rue Victoria**. *Elle bifurque ensuite* **sur la gauche, dans la 32ᵉ Avenue**, *puis suit la* **voie ferrée. Suivez-la.**

Peu après avoir commencé à suivre la voie ferrée, vous passerez par le **parc Saint-Georges**. Une belle piscine publique extérieure s'y trouve, tout indiquée pour un arrêt baignade.

18 ▶ *Après le parc,* **continuez à suivre la piste cyclable sur environ 3 km**. *Au croisement avec la rue Marien, le marquage au sol s'arrête sans plus d'explications.* **Continuez tout**

droit dans Prince-Albert, puis **tournez à gauche** à la prochaine intersection, **avenue Dubé**. *Vous croiserez la rue Notre-Dame.* **Continuez sur l'avenue Dubé** et, quand la **piste cyclable reprend sur votre droite**, *suivez-la.*

La piste entre ici dans le **parc René-Labrosse** (*11370 rue Notre-Dame*), qui longe le fleuve Saint-Laurent. La boucle est donc en quelque sorte bouclée, puisque après avoir longtemps longé la rivière des Prairies au nord, vous voici devant le fleuve au sud de l'île. Quelques tables de pique-nique sont disponibles, si vous voulez vous reposer et casser la croûte.

Le parc René-Labrosse est l'endroit parfait pour voir de près de gros bateaux faire le plein...

19 ▶ *Au bout du parc,* **la piste cyclable va rejoindre la rue Sainte-Julie**, *puis* **tourne à droite dans l'avenue Denis**. *À la prochaine,* **rue Notre-Dame, tournez à gauche** *et* **roulez environ 2 km**.

Vous longez à cet endroit une section très industrielle du port de Montréal. Plusieurs réservoirs de produits pétroliers défilent sur votre gauche. Les abords de la rue Notre-Dame prennent un air plus résidentiel après l'avenue Georges V, quand vous quittez la ville de Montréal-Est et entrez dans le quartier Mercier.

20 ▶ **Avenue Gonthier, tournez à gauche**. *La piste entre alors dans le* **parc de la Promenade Bellerive**. *Elle regagne, au bout du parc, la* **rue Notre-Dame et sa piste cyclable**.

Un des seuls parcs avec accès direct au fleuve...

Environ 14 km séparent le **parc de la Promenade Bellerive** de la station de métro Berri-UQAM, où se termine notre parcours. Pour plus d'information sur le trajet qu'il vous reste à parcourir, ainsi que pour connaître les restaurants non loin de la rue Notre-Dame au retour, consultez la balade «La campagne à Montréal» (p. 102).

... très bucolique, avec vue sur les îles de Boucherville.

21 ▶ *Pour regagner la station de métro Berri-UQAM,* **empruntez la piste cyclable de la rue Notre-Dame vers l'ouest**, *qui bifurque sur le* **boulevard René-Lévesque** *au niveau de l'avenue De Lorimier,* *puis prenez la* **piste de la rue Berri à droite**. *L'édicule de la station de métro Berri-UQAM sera sur votre droite, au coin de la rue Sainte-Catherine.*

La campagne à Montréal :
les îles de Boucherville

```
⋙   50 km
🕐   4-6 heures
🚲   Moyens mollets
```

Des herbes hautes d'un côté, un boisé de l'autre, et le fleuve Saint-Laurent en toile de fond : le parc national des Îles-de-Boucherville est l'endroit parfait pour rouler en famille ou entre amis loin du stress de la ville. Bienvenue à la campagne, à deux pas de Montréal.

Itinéraire *Aller-retour à partir de la station de métro Berri-UQAM en passant par la rue Notre-Dame, le parc de la Promenade Bellerive, jusqu'aux îles de Boucherville (avec la navette fluviale).*

Havre de paix tout près du centre-ville, le parc national des Îles-de-Boucherville est accessible de Montréal grâce à une navette fluviale. Le tour du parc comme tel représente une vingtaine de kilomètres. Il faut toutefois en compter une quinzaine pour gagner le parc de la Promenade Bellerive, dans l'est de Montréal, d'où la navette part vers les îles. La boucle de 50 km que l'on vous propose ici débute à la station de métro Berri-UQAM et longe le secteur industriel du quartier Hochelaga-Maisonneuve jusqu'au parc de la Promenade Bellerive, dans le quartier Mercier.

⋀ ▶ *À l'intersection des rues Berri et Sainte-Catherine,* **prenez la piste cyclable Berri vers le sud**. *Sur le* **boulevard René-Lévesque**, *empruntez la* **piste cyclable** *à gauche. Comptez* **environ 14 km entre la station de métro Berri-UQAM et le parc de la Promenade Bellerive**.

Environ 400 m après la rue Berri, sur votre droite, se trouvent les bureaux de **Radio-Canada** qu'on reconnaît surtout à la haute tour qui les domine. Cette section de la ville était naguère un quartier populaire connu sous le nom de «faubourg à m'lasse», en référence aux bateaux antillais qui allaient décharger leur cargaison de mélasse dans le port voisin. L'élargissement du boulevard René-Lévesque, la construction du pont Jacques-Cartier et, surtout, celle de la Maison Radio-Canada, condamnèrent le quartier. En 1963, 678 familles furent expropriées et leurs maisons démolies pour construire les locaux de la société d'État. Comble de l'ironie, Radio-Canada espère pouvoir faire construire 2 300 nouveaux logements sur ses terrains dans les prochaines années, afin de renflouer ses coffres et d'utiliser les grands espaces dont elle dispose.

DRING DRING !

Des îles accessibles en voiture

Ceux qui voudraient se rendre directement aux îles de Boucherville en voiture peuvent le faire (autoroute 25, sortie 1, première sortie au sud du pont-tunnel Louis-H.-La Fontaine ; stationnement gratuit). Il est aussi possible de se rendre en voiture au parc de la Promenade Bellerive et de prendre la navette à cet endroit ; seulement aucun stationnement désigné n'existe au parc. Les emplacements dans la rue sont toutefois nombreux dans les environs.

2 ▶ **Suivez René-Lévesque par la piste**, qui débouche sur la **rue Notre-Dame**.

Dans les premiers kilomètres, la piste cyclable de la rue Notre-Dame est prise en sandwich entre ladite rue et le quartier Hochelaga-Maisonneuve, qu'on devine plus qu'on ne le traverse. Elle passe par des bosquets qui ont l'avantage de séparer les cyclistes de l'intense circulation automobile de la rue.

Peu après le boulevard Pie-IX, alors que la piste passe par l'un de ces bosquets, vous pourrez apercevoir sur votre droite la **caserne Letourneux** *(411 av. Letourneux)*. Cet édifice, l'un des rares d'inspiration Arts and Crafts à Montréal, a servi de caserne de pompiers et de poste de police avant d'être abandonné en 1981. Depuis 2002, il héberge le théâtre Sans-fil, une troupe qui présente des spectacles de marionnettes.

Ne désespérez pas. La campagne n'est plus loin !

3 ▶ *Au croisement de la rue Sainte-Catherine,* **la piste emprunte le trottoir** *sans autre avertissement.*

À cet endroit, le paysage change et devient carrément industriel. On peut apercevoir des grues à conteneurs, qui trahissent la présence du port de Montréal, mais aussi des cuves de pétrole qui s'alignent le long de la rue Notre-Dame.

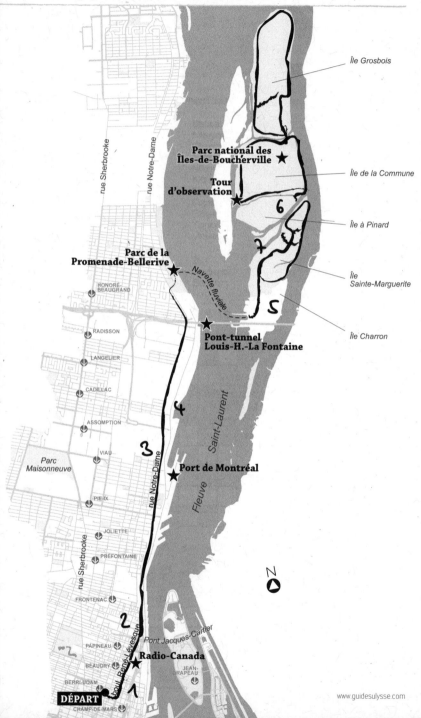

Île Grosbois

Parc national des
Îles-de-Boucherville ★

Tour
d'observation ★

Île de la Commune

Île à Pinard

Île
Sainte-Marguerite

Île Charron

Parc de la
Promenade-Bellerive ★

Navette fluviale

HONORÉ-
BEAUGRAND

RADISSON

LANGELIER

CADILLAC

ASSOMPTION

VIAU

PIE-IX

JOLIETTE

PRÉFONTAINE

FRONTENAC

PAPINEAU

BEAUDRY

BERRI-UQAM

Pont-tunnel
Louis-H.-La Fontaine ★

Port de Montréal ★

Parc
Maisonneuve

rue Sherbrooke

rue Notre-Dame

rue Sherbrooke

rue Notre-Dame

boul. René-Lévesque

Saint-Laurent

Fleuve

Pont Jacques-Cartier

JEAN-
DRAPEAU

Radio-Canada ★

DÉPART
CHAMP-DE-MARS

N

4 ▶ *Une rue plus loin, coin Dickson,* **la piste se transporte sur le côté sud de la rue Notre-Dame. Continuez à la suivre.** *Le parc se trouvera sur votre droite, environ 3 km après la rue Dickson.*

Il ne faut pas être pressé pour traverser au coin de la rue Dickson; les feux durent des heures!

Juste avant d'arriver au parc de la Promenade Bellerive, à 600 m environ, vous apercevrez une tour de ventilation du pont-tunnel Louis-Hyppolite-La Fontaine. Construit en 1967 dans la foulée de l'Exposition universelle, ce tunnel sous-marin de 1,5 km est encore aujourd'hui le plus long au Canada. Il va rejoindre l'île Charron, qui fait partie des îles de Boucherville.

La terre excavée lors de la construction du tunnel a été répandue sur la rive où se trouve aujourd'hui le **parc de la Promenade Bellerive**, de manière à créer un remblai de plus de 200 m de largeur à cet endroit. Le parc y a été aménagé vers la fin des années 1990 et est vite devenu un favori des résidants du quartier Mercier, qui peuvent y admirer le fleuve hiver comme été. En arrivant au parc, dirigez-vous vers le chalet qui se trouve tout près de l'eau. Là, une pancarte vous indique le quai d'où part la navette pour les îles de Boucherville *(7 $ aller-retour incluant le droit d'entrée au parc national; juin à sept; 514-871-8356, www. navark.ca).*

Le bateau-passeur de l'entreprise Navark quitte la berge de Montréal chaque heure et la traversée vers les îles ne dure qu'une dizaine de minutes. L'embarcation ne sert presque exclusivement qu'aux cyclistes : vous n'aurez donc pas à vous soucier du transport de votre vélo, qui est toujours manipulé correctement.

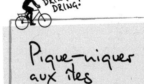

DRING DRING!

Pique-niquer aux îles

Plusieurs tables de pique-nique sont disposées le long des berges aux îles de Boucherville. Les plus nombreuses et les plus agréables se trouvent au nord de l'île Grosbois, devant le fleuve, et elles sont entourées d'herbes hautes.

5 ▶ *Une fois sur la terre ferme,* **vous voilà sur l'île Charron. Empruntez à gauche la piste cyclable** *qui se trouve devant vous (même si une pancarte vous enjoint de tourner à droite…) Ensuite,* **suivez les indications vers le parc national des Îles-de-Boucherville.** *Rappelez-vous que vous n'avez pas à payer de droit d'entrée, puisqu'il est inclus dans le prix de la traversée en bateau-passeur.*

Bienvenue à la campagne!

Le **parc national des Îles-de-Boucherville** (*450-928-5088*) compte trois îles principales : Sainte-Marguerite, de la Commune et Grosbois. En bouclant le tour de l'archipel, vous passerez aussi par l'île Pinard, mais très brièvement : cette presqu'île sert de terrain de golf, fait plutôt inusité dans un parc national... Le tour de l'archipel peut être bouclé en deux ou trois heures sans forcer et en arrêtant prendre quelques photos. Parc national le plus proche de Montréal, les îles de Boucherville attirent leur lot de visiteurs : 350 000 par année. Il est donc recommandé, si vous préférez éviter les hordes, de vous y rendre en semaine. Mais même le week-end, on peut rouler en paix sur les deux îles situées dans l'est de l'archipel. Le parc reste méconnu de plusieurs Montréalais, et ceux qui viennent y chercher un bain de nature – plutôt qu'un bain de foule – y trouvent encore largement leur compte.

Pour être vraiment tranquille, rendez-vous plutôt aux îles en semaine...

Vous commencerez votre balade dans l'île Sainte-Marguerite, qui est la moins intéressante. Elle attire les familles en quête d'un endroit où pique-niquer. Le stationnement du parc y est situé, et plusieurs estivants y viennent en voiture, mais ne vont guère au-delà : c'est donc l'île la plus achalandée. Vous trouverez sur l'île Sainte-Marguerite un centre de services avec cartes du parc et, tout à côté, un casse-croûte qui dépannera ceux qui ont oublié de s'apporter un lunch.

6 ▶ *Pour passer à l'**île à Pinard**, suivez les indications vers le bac à câble.*

On dit bonjour aux kayakistes !

Les traversées en bac à câble sont fréquentes ; vous pourrez ainsi continuer votre tour de l'archipel. Le bac et de petits ponts servent à franchir les nombreux canaux qui serpentent dans les îles. Ces canaux sont réputés poissonneux. Les Amérindiens auraient utilisé l'archipel pour la pêche, mais aussi pour la chasse. Aujourd'hui, les canaux sont surtout utilisés par des plaisanciers motorisés.

Peu après avoir mis le pied sur l'île Pinard, vous verrez un ponton qui permet d'accéder à l'île de la Commune. Cette dernière, avec l'île Grosbois, forme la partie la plus intéressante du parc. Très tôt dans la colonisation du Canada, ces îles ont été reconnues pour leur potentiel agricole. Des agriculteurs en ont vite transformé les forêts en champs et y ont élu domicile. La reconversion de l'archipel en parc national a poussé le gouvernement du Québec à racheter les terres agricoles entre 1973 et 1976. Aujourd'hui, seuls quelques champs subsistent. Devant chacun d'entre eux, sur la berge, se trouve

DRING DRING !

Une crevaison ?

Le centre de location du parc national se trouve sur l'île Sainte-Marguerite. On y loue des kayaks (29 $/3h) et des vélos (22 $/3h). On y répare aussi les crevaisons, ce qui pourrait être utile si vous n'avez pas le nécessaire pour les réparer.

un petit quai, où accostent les agriculteurs venus de la Rive-Sud. Les champs rachetés sont laissés en jachère, et les garde-parcs protègent les jeunes pousses d'arbres contre les prédateurs comme le castor et le cerf de Virginie. Ces îles sont donc le lieu idéal pour admirer des forêts en transition et pour prendre du soleil : l'ombre y étant aussi rare que les arbres matures.

Au bord de l'eau, sur le côté nord des îles, on peut apercevoir les gratte-ciel de Montréal dans le lointain…

Les 8 km² protégés par le parc se veulent un échantillon du milieu naturel des basses terres du Saint-Laurent, cette zone riche et relativement petite, qui est la plus densément peuplée au Québec (Montréal s'y trouve) et où l'agriculture est maître. Le parc revêt donc une importance capitale, notamment pour les oiseaux. Une tour d'observation, sur l'île de la Commune, permet d'ailleurs d'admirer les marais – et le Stade olympique, à l'ouest, rappelant la proximité de la ville. Au printemps et en automne, les marais au nord de l'île de la Commune sont le lieu de prédilection des ornithologues amateurs, qui viennent y admirer la migration des morillons ou des huards. On estime que 240 espèces d'oiseaux fréquentent le parc, parmi lesquelles le martin-pêcheur, le grand pic, le grand-duc d'Amérique et même l'aigle royal !

7 ▶ ***Regagnez l'île Sainte-Marguerite**, où des panneaux indiquent le quai de la navette pour Montréal.*

Comme toute bonne chose a une fin, n'oubliez pas que la dernière navette fluviale pour Montréal part de l'île Charron à 17h30 et qu'il reste après une quinzaine de kilomètres pour regagner la station de métro Berri-UQAM et, avec elle, le tohu-bohu de la ville…

Si sur le retour la faim vous tenaille, sachez qu'il y a peu de restaurants près de la piste cyclable de la rue Notre-Dame. La **Bécane rouge** *(4316 rue Ste-Catherine E., 514-252-5420, www.labecanerouge.com)* fait toutefois exception. Ce petit restaurant de quartier situé tout près du Théâtre Denise-Pelletier fait dans les classiques de la cuisine française : magret de canard, gigot d'agneau, boudin noir, etc. Pour le trouver, à la hauteur de la caserne Letourneux, prenez à droite dans le parc Morgan : la première rue, parallèle à Notre-Dame, est Sainte-Catherine. Gardez toutefois à l'esprit, au moment de commander, qu'il vous reste plusieurs coups de pédales à donner avant d'arriver à la station de métro Berri-UQAM !

▶ *Pour regagner la station de métro Berri-UQAM, une fois au **parc de la Promenade Bellerive**, empruntez la **piste cyclable de la rue Notre-Dame vers l'ouest**, qui bifurque sur le **boulevard René-Lévesque**, puis prenez la **piste de la rue Berri à droite**.*

La **Voie maritime**

> ▸▸▸ 50 km
> ⏱ 4–5 heures
> 🚲 Moyens mollets

Rouler le long de la Voie maritime, quel bonheur ! Loin des voitures, loin du vacarme de la ville, sans devoir mettre le pied à terre sur 10 km… Voici donc une balade sur la longue bande de terre, située en plein Saint-Laurent, entre Montréal et la Rive-Sud. Un parcours pour ceux qui veulent se délier les jambes et respirer l'air du large.

Itinéraire *Boucle à partir de la station de métro Square-Victoria, en passant par Verdun (île des Sœurs), puis la piste de la Voie maritime et enfin l'île Notre-Dame, avant de rejoindre Montréal par le pont de la Concorde.*

Cette escapade d'une cinquantaine de kilomètres commence et se termine tout près de la station de métro Square-Victoria, à proximité de la piste cyclable du Vieux-Port empruntée à l'aller comme au retour. Notez par ailleurs que, vers la moitié du parcours, à Sainte-Catherine, sur la Rive-Sud, se trouve une plage. Pensez donc à apporter votre maillot si vous voulez en profiter.

1 ▶ À partir du square Victoria, **empruntez la rue McGill vers le fleuve (sud)**. Rue de la Commune, **empruntez la piste cyclable à droite**. **Roulez un peu plus de 200 m** jusqu'à un **petit pont** que vous devez **traverser en continuant de suivre la piste**. Quelque **500 m plus loin**, la **piste cyclable se sépare en deux** : **prenez à droite**. Vous longerez bientôt le **canal de Lachine**.

N'oubliez pas votre appareil photo !

Le canal de Lachine, que nous décrivons dans la balade «Le grand fleuve» (p. 90), est bordé par une des plus belles pistes cyclables de Montréal.

2 ▶ *Comptez un peu plus de **2 km** avant d'arriver à un **petit pont pour piétons**, sur votre droite, **qui traverse le canal de Lachine**. **Tournez à gauche** en suivant le marquage au sol, qui suit tour à tour l'**avenue Atwater**, la **rue Saint-Charles** et la **rue D'Argenson**. Après avoir **tourné à droite dans D'Argenson**, comptez environ **600 m** avant de **tourner à gauche dans la piste cyclable de la rue Henri-Duhamel**.*

L'autoroute Jean-Lesage, sous laquelle vous venez de passer en suivant D'Argenson, départage les quartiers de Pointe-Saint-Charles et de Verdun. C'est dans ce dernier que vous roulez désormais, avant de rejoindre l'île des Sœurs.

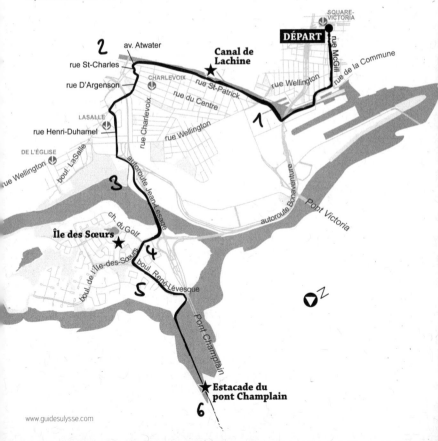

3 ▶   ***Roulez un peu plus de 600 m**, jusqu'au bout de la rue Henri-Duhamel. **Prenez la piste qui part à gauche, vers l'île des Sœurs**. **Roulez environ 1,4 km sur la piste** avant d'arriver à un **rond-point**.*

Le court pont que vous devez traverser ici longe l'autoroute Jean-Lesage. Le couloir cycliste n'y est pas très large et est partagé avec les piétons : n'y roulez donc pas trop rapidement, par simple courtoisie. Une fois le pont traversé, vous êtes sur l'île des Sœurs, partie intégrante de Verdun. Cette banlieue insulaire située près du centre-ville compte plusieurs immeubles résidentiels.

4 ▶   *Au rond-point, **continuez tout droit** (en longeant le **boulevard de l'Île-des-Sœurs**) et **suivez les indications vers l'estacade** du pont Champlain.*

DRING DRING!

Le tour de l'île

Il est possible de faire le tour de l'île des Sœurs plutôt que de la traverser comme le propose cette balade. La partie ouest est boisée par endroits, et une piste cyclable charmante permet de la visiter le long du fleuve Saint-Laurent. Pour ce faire, au premier rond-point, tournez à droite dans le chemin du Golf au lieu de continuer tout droit. La piste se rend jusqu'à l'estacade du pont Champlain, ce qui vous permet de poursuivre la balade. Comptez environ 3 km de plus si vous décidez de faire le tour de l'île.

5 ▶   *Environ **500 m plus loin**, à un second **rond-point**, **prenez à gauche la piste cyclable** qui longe le **boulevard René-Lévesque**. Moins de **1 km plus loin**, **tournez à droite** en direction de l'**estacade du pont Champlain**.*

L'estacade du pont Champlain est un passage étroit, totalement séparé du pont Champlain, et qui relie l'île des Sœurs à la piste cyclable de la Voie maritime. Longue d'environ 2 km, l'estacade est ouverte à la circulation de 6h30 à 22h, du 15 avril au 31 octobre.

L'estacade : un
incontournable
pour tout
cycliste à
Montréal !

6 ▶   *Une fois l'**estacade traversée**, prenez la **piste cyclable de la Voie maritime à droite**.*

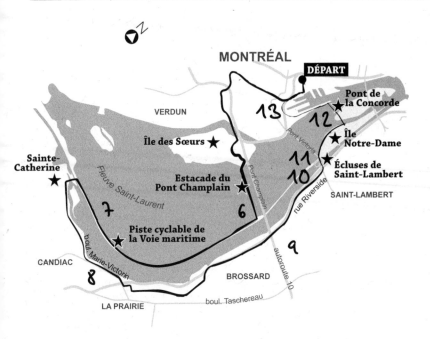

La piste de la Voie maritime semble loin de tout, à des lieues de la ville et de sa dense circulation. À partir de l'estacade, 10 km vous séparent de la ville de Sainte-Catherine, sur la Rive-Sud. Vous pourrez donc rouler en paix un bon moment, en n'ayant qu'à vous soucier d'éviter les autres utilisateurs, qui peuvent être nombreux le week-end. La piste de la Voie maritime se trouve sur une bande de terre qui borde le canal entre le fleuve et la Rive-Sud. Les écluses de Saint-Lambert, à l'est, et celles de Sainte-Catherine, à l'ouest délimitent ce canal qui permet aux navires d'éviter les rapides de Lachine, dans le fleuve.

Gare aux mannes !

La piste de la Voie maritime est parfaite pour rouler, à une exception près : elle est infestée de mannes (éphémères) au printemps et en automne. Nous vous recommandons donc fortement de porter des lunettes pour vous protéger les yeux.

7 ▶ **Roulez environ 10 km** sur la piste cyclable de la Voie maritime. **Prenez à gauche le petit pont** qui se rend à Sainte-Catherine, sur la Rive-Sud. **Roulez tout droit un peu plus de 300 m.**

DRING
DRING!

La plage de Sainte-Catherine

*Pour vous rendre à la **plage de Sainte-Catherine** (8,50 $; 10h à 18h ; 450-635-3011), ne prenez pas le pont vers la Rive-Sud. Restez plutôt sur la piste de la Voie maritime ; le Récréo-Parc se trouve environ 200 m après avoir croisé le pont, sur votre droite. Vous devrez toutefois revenir sur vos pas afin de traverser le pont vers Sainte-Catherine.*

Une fois sur la terre ferme de la Rive-Sud, vous êtes à **Sainte-Catherine**, une petite ville de banlieue qui a pris naissance avec la fondation, en 1676, d'une mission catholique française en territoire iroquois.

Aurez-vous la chance de voir passer des bateaux aux écluses de Sainte-Catherine ?

8 ▶ **Boulevard Marie-Victorin, prenez la piste cyclable à gauche. Roulez un peu moins de 7 km**, *jusqu'à une **passerelle** qui traverse la route 132, que vous devez emprunter. De l'autre côté de la route 132, **prenez la piste cyclable à gauche**. Environ **1,4 km plus loin**, à la **fourche, prenez la piste à gauche**.

Après avoir longé un plan d'eau, être passé par un terrain vague et avoir traversé un petit pont, la piste cyclable pénètre dans l'arrière-cour d'une série de bungalows. Vous êtes ici à Brossard, où la densité est un peu plus élevée que dans les villes que vous venez de croiser, soit Candiac et La Prairie.

9 ▶ *Un peu plus de **1 km après la fourche, boulevard Matte, prenez la piste cyclable à gauche**. Vous reconnaîtrez ce boulevard au terre-plein qui sépare les voies. **Suivez cette piste sur environ 6 km**, en longeant plus ou moins le fleuve. À un moment, **la piste bifurque vers la droite**, boulevard Simard, et croise la rue Riverside. **Tournez à gauche dans la rue Riverside**. Une **piste cyclable** se trouve sur le côté nord de cette large rue.

Vous voilà dans la ville de Saint-Lambert, une banlieue proprette qui est une des plus nanties de la Rive-Sud. Pour plus d'information sur Saint-Lambert et ses restaurants, consultez la balade «À Saint-Lambert entre deux ponts», à la page 32.

10 ▶   **Roulez environ 2 km dans la rue Riverside**, *jusqu'à une fourche.* **Prenez à gauche la piste** *qui emprunte* la **passerelle** *au-dessus de la route 132. De l'autre côté,* **faites environ 200 m** *jusqu'à la* **passerelle** *du* **pont Victoria**, *que vous traverserez.*

Riverside d'un côté, l'autoroute de l'autre...

La passerelle du pont Victoria permet de franchir les écluses de Saint-Lambert et d'accéder à l'île Notre-Dame. La passerelle étant souvent levée pour permettre aux bateaux de passer, vous devrez peut-être attendre quelques minutes avant de traverser. Notez qu'elle est en activité de 6h30 à 22h, du 15 avril au 31 octobre.

11 ▶   *De l'autre côté,* **empruntez à droite la piste cyclable**, *qui longe le fleuve et passe sous le* **pont Victoria**.

Vous roulez ici sur l'**île Notre-Dame**, une île artificielle construite en 1965 avec la terre extraite du chantier du métro de Montréal. Les pistes cyclables s'entrecroisent dans un fouillis inouï dans l'île. Suivez cette simple règle: gardez votre gauche. Vous roulerez par moments sur le **circuit Gilles-Villeneuve** (voir p. 31) et devrez reprendre la piste à gauche.

12 ▶   *Après avoir croisé le pont Victoria, comptez* **moins de 2 km** *avant d'atteindre le* **pont des Îles**, *qui mène en fait au* **pont de la Concorde**. *Empruntez-le sur* **environ 1 km** *avant d'atteindre l'* **île de Montréal**.

C'est le moment d'immortaliser Montréal!

Si vous êtes chanceux, vous franchirez le pont de la Concorde au moment où le soleil se couche sur Montréal et irradie son centre-ville. C'est en effet de ce pont qu'on peut admirer la vue «classique» de Montréal et de ses gratte-ciel devant le Saint-Laurent. Les cyclistes prévoyants auront leur appareil photo, les autres se contenteront de leur mémoire...

13 ▶   *Une fois sur la terre ferme,* **continuez sur la piste cyclable**. **Roulez environ 1 700 m** *jusqu'à une* **fourche**: *prenez à droite*. **Roulez environ 700 m** *et passez le pont. À quelques coups de pédales de là,* **rue McGill, prenez à gauche**. *À environ 800 m se trouve la* **station de métro Square-Victoria**.

À la plage
au Cap-Saint-Jacques !

```
▸▸▸  50 km
⏱    3-5 heures
🚲   Moyens mollets
```

Moins éloignée que celle d'Oka et plus privée que la plage de l'île Notre-Dame, la petite plage du Cap-Saint-Jacques est l'endroit idéal où se baigner quand la température flirte avec la canicule. S'y rendre, c'est aussi pénétrer dans l'ouest de l'île, avec ses quartiers qui ressemblent à des villages et ses quelques forêts encore intactes. Voici donc un parcours par le boulevard Gouin, en suivant la rivière des Prairies jusqu'au joli lac des Deux Montagnes.

Itinéraire *Aller-retour de l'intersection des boulevards Gouin et Saint-Laurent jusqu'au parc-nature du Cap-Saint-Jacques.*

La moindre des choses est de ne pas oublier son maillot!

Quand il fait chaud, on peut bien sûr se prélasser à la piscine du quartier, mais rien n'est plus satisfaisant que de rouler quelques kilomètres avant de se jeter dans l'eau froide d'un lac. C'est exactement ce que propose ce parcours. Si vous ne roulez pas très vite, partez tôt pour profiter de la plage avant de devoir revenir : gardez à l'esprit que le retour, comme l'aller, est long de 25 km. Si vous prévoyez rentrer à la brunante, n'oubliez pas de vous munir de lumières clignotantes, le boulevard Gouin n'étant pas bien éclairé sur toute sa longueur.

∧ ▶ *Cette balade commence à l'**intersection du boulevard Saint-Laurent et du boulevard Gouin**.*

Pour rejoindre le point de départ, vous pouvez emprunter la Route verte n° 1, qui traverse l'île de Montréal du nord au sud. Le boulevard Saint-Laurent est aussi un axe majeur qui traverse l'île et que vous pouvez emprunter vers le nord. Sinon, la station de métro Henri-Bourassa est la plus proche du point de départ.

Le **boulevard Gouin** est la plus longue artère de la ville et s'étend sur plus de 50 km. Il porte le nom de Lomer Gouin (1861-1929), ancien premier ministre du Québec. Le boulevard Gouin est un incontournable pour quiconque souhaite explorer Montréal à vélo. Puisqu'il est très long, on peut parcourir de grandes distances sans avoir à changer de rue et sans risquer de se perdre. Les alentours sont d'un intérêt inégal : parcs et forêts y côtoient des bungalows aux airs de banlieue et de belles demeures cossues d'un autre âge. C'est, en somme, ce qui fait tout le charme de ce boulevard. Dans ce guide, nous couvrons l'ensemble du boulevard Gouin. La portion est, qui est documentée dans la balade « Jusqu'au bout de l'île, le long de la paisible rivière des Prairies » (p. 92), a su mieux préserver son caractère patrimonial. La partie ouest, en revanche, est davantage boisée et a l'avantage de se rendre jusqu'au magnifique parc-nature du Cap-Saint-Jacques.

DRING DRING !

Essentielles provisions

Le trajet qu'emprunte cette balade n'est malheureusement pas riche en restaurants et en points de ravitaillement. Vous croiserez, bien sûr, des dépanneurs où acheter de l'eau et des friandises, mais nous vous conseillons d'emporter un lunch. Quelques tables de pique-nique sont par ailleurs disponibles devant l'église Sainte-Geneviève, sur le bord de la rivière des Prairies. C'est l'endroit idéal pour s'arrêter et casser la croûte.

Vous apercevrez sans doute une piste cyclable qui longe parfois le boulevard. Nous vous déconseillons de l'emprunter puisqu'elle zigzague beaucoup et que la signalisation y est déficiente. Nos tentatives sur cette piste se sont soldées par une exaspération et un prompt retour sur le boulevard Gouin... En règle générale, le boulevard Gouin est plutôt accueillant envers les cyclistes. Bien sûr, quelques nids-de-poule vous y attendent, mais leur nombre n'a rien d'extravagant. À certains endroits, l'accotement est chiche, mais n'ayez pas peur : ce boulevard est l'un des favoris des cyclistes, et les automobilistes sont habitués à leur présence.

Ne roulez pas sur les trottoirs ; c'est dangereux, et ils sont souvent très étroits.

2 ▶ ***Empruntez le boulevard Gouin vers l'ouest**, soit sur la gauche lorsque vous regardez vers la rivière des Prairies.*

Tout de suite après le boulevard Saint-Laurent se trouve, sur votre droite, le joli **parc Nicolas-Viel**. Le récollet Nicolas Viel s'est noyé dans les eaux des rapides de la rivière des Prairies en 1625, alors qu'il était conduit vers Québec par des Hurons. A aussi péri avec lui son protégé, Ahuntsic, lequel a donné son nom au quartier dans lequel vous vous trouvez. **Ahuntsic** fut une ville indépendante avant d'être annexée à Montréal, comme beaucoup d'autres, en 1910. Elle faisait partie d'une série de villages nichés sur les bords de la rivière des Prairies : Bordeaux, Cartierville, Saraguay, Sault-au-Récollet... qui font tous partie maintenant de Montréal, et pour la plupart du quartier Ahuntsic.

Le parc de la Merci, près de la prison de Bordeaux, vaut également le détour.

3 ▶ ***Continuez à rouler sur Gouin.***

Environ 3 km après le parc Nicolas-Viel, vous passerez sous l'autoroute des Laurentides, qui permet d'accéder à la région du même nom.

4 ▶ ***Continuez à rouler sur Gouin.***

Les maisons neuves se succèdent dans le secteur...

Environ 5 km après l'autoroute des Laurentides, vous passerez par un boisé appelé le **Bois-de-Saraguay**. D'une superficie de 96 ha, ce parc est protégé depuis 1981 par le gouvernement du Québec, et l'on y trouve des espèces d'arbres rares, tels l'orme et l'érable noir. Dans la seconde moitié du XIXe siècle, plusieurs familles de la bourgeoisie anglophone y bâtirent des maisons secondaires. On s'y adonnait à la chasse à courre,

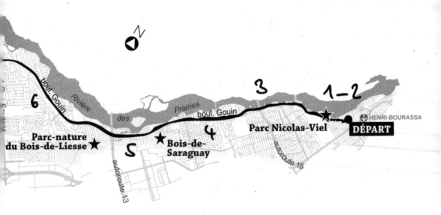

notamment sous les auspices du Montreal Hunt Club. Ce club de chasse, fondé en 1826, est aujourd'hui le plus ancien qui soit toujours en activité en Amérique du Nord. Ses membres, bien entendu, ne pratiquent plus aujourd'hui leur passion dans le Bois-de-Saraguay... Celui-ci n'est pas aménagé pour les promeneurs, mais Montréal entend y remédier dans les prochaines années. Vous devrez donc vous contenter d'y passer par Gouin. Vous pourrez tout de même apercevoir, sur votre droite, environ 400 m après avoir pénétré dans le bois, un témoin du passé de Saraguay. Se trouve à cet endroit une dépendance, aux murs de pierre et au toit d'ardoises, qui appartenait au domaine Ogilvie. Construit en 1930 par le riche homme d'affaires William Watson Ogilvie, le manoir a été incendié en 1973. Il ne reste que cette dépendance, qui était la maison du chauffeur. *Ce n'est pas compliqué: toujours tout droit!*

5 ▶   **Continuez sur Gouin.** *Vous passerez, après le **Bois-de-Saraguay**, sous l'autoroute 13: 100 m plus loin se trouve l'entrée du **parc-nature du Bois-de-Liesse**.*

Peu après le Bois-de-Saraguay se trouve le **parc-nature du Bois-de-Liesse** (*9432 boul. Gouin*). D'une superficie de 159 ha, il est traversé par un petit cours d'eau sinueux, le ruisseau Bertrand, qui se déverse dans la rivière des Prairies. Dès 1972, l'ancienne Communauté urbaine de Montréal (CUM) prévoyait protéger ce grand espace vert qu'était le Bois-de-Liesse. Elle acquit le territoire en 1983 pour aménager un superbe parc-nature. Il compte aujourd'hui 8 km de sentiers cyclables et vaut le détour si vous n'êtes pas pressé. Vous trouverez l'entrée du parc sur votre gauche.

Le Bois-de-Liesse vaut vraiment le détour. Mais attention aux moustiques en été !

6 ▶ Continuez à rouler sur Gouin.

Tout de suite après le Bois-de-Liesse commence l'arrondissement de Pierrefonds-Roxboro, annonçant le début de l'ouest de l'île (*West Island*). Pierrefonds et Roxboro étaient toutes deux des villes indépendantes jusqu'à ce qu'elles furent fusionnées à Montréal en 2002. Le boulevard Gouin perd ici de son charme, et le décor prend des allures de banlieue. Il retrouvera ses airs champêtres à Sainte-Geneviève.

7 ▶ Continuez sur Gouin, *vous traverserez notamment le boulevard des Sources. Environ 8 km séparent le début de* **Pierrefonds-Roxboro** *de l'* **ancien village de Sainte-Geneviève**.

Vous remarquerez au 15615 du boulevard Gouin le **collège Gérald-Godin**, du nom du poète, journaliste et politicien souverainiste mort en 1994. Quelques coups de pédales après le collège apparaît le vieux village de **Sainte-Geneviève**, qui constitue une enclave francophone dans le territoire de Pierrefonds. Son origine remonte à 1730, alors que l'on construit un fortin pour défendre le portage des rapides du Cheval-Blanc, sur la rivière des Prairies, que longe le village. Au XIXe siècle, les «cageux», ces solides gaillards qui descendent par voie d'eau les trains de bois (aussi appelés les «cages») en direction de Québec, s'arrêtent à Sainte-Geneviève. Les cages y sont reformées en radeaux afin de passer les nombreux rapides de la rivière des Prairies. Cette méthode de flottage du bois sera graduellement remplacée par le transport ferroviaire à partir de 1880.

Restez attentif. Malgré sa longueur, le boulevard Gouin est assez étroit.

L'**église Sainte-Geneviève** (*16037 boul. Gouin O.*) est le seul bâtiment de la famille Baillargé de Québec dans la région de Montréal. Thomas Baillargé (1792-1859), à qui l'on doit une centaine d'églises au Québec, en a conçu les plans en 1836 et lui a donné une imposante façade néo-classique à deux clochers, qui a influencé l'architecture des églises catholiques de toute la région au cours des années 1840 et 1850. L'intérieur s'inspire d'une église de Rotterdam, de l'architecte Guidici, aujourd'hui disparue. On remarquera le tabernacle et son tombeau d'Ambroise Fournier, la Sainte Geneviève du chœur d'Ozias Leduc, ainsi que le chemin de croix extérieur en fonte bronzée, réalisé par l'Union artistique de Vaucouleurs, en France.

8 ▶ Continuez sur Gouin.

Environ 4 km après l'église, la vue sur la rivière des Prairies se dégage subitement. À partir de là, d'imposantes demeures défilent sur les berges jusqu'à ce que les arbres prennent le dessus de chaque côté de Gouin. Vous pourrez bientôt apercevoir, sur votre droite, un panneau annonçant le **parc-nature du Cap-Saint-Jacques**. Attention : remarquez que l'entrée de la plage est plus loin (environ 1 km). Si vous voulez visiter le parc, prenez la première entrée, sinon continuez sur Gouin pour rejoindre celle de la plage.

D'une superficie de 288 ha, le parc-nature du Cap-Saint-Jacques est le plus vaste parc-nature à Montréal et est un favori des randonneurs et des amateurs d'activités de plein air de la métropole. L'eau est omniprésente dans le parc, celui-ci ayant la forme d'une immense presqu'île avançant dans le lac des Deux Montagnes et ceinturée de grèves naturelles. À l'est du parc, la rivière des Prairies débute son long cours. L'intérieur du parc comporte trois milieux terrestres (friches, champs et bois), où les divers sentiers permettent de se balader en toute tranquillité, loin du bruit, de la pollution et du rythme de vie effrénée du centre-ville de Montréal.

La **plage du Cap-Saint-Jacques** *(21115 boul. Gouin O. ; 514-280-6871 ; adultes 4,50 $, enfants de moins de 6 ans gratuit ; location de kayaks 10 $/h)* est ouverte du début du mois de juin jusqu'à la fin du mois d'août. Si vous êtes allergique aux foules, évitez les week-ends de juillet et août et les jours fériés. Notez que les vélos sont interdits sur la plage. Des supports sont disponibles, et les sauveteurs vous indiqueront où ils se trouvent.

Un petit plongeon pour être récompensé de tous ces efforts!

La plage du Cap-Saint-Jacques n'a rien d'une plage caribéenne, mais dans le contexte montréalais, en plein été, elle est tout ce dont un cycliste fourbu a besoin. Sise dans une baie, elle s'allonge sur 200 m de sable fin. Autour, les arbres centenaires et protégés du parc-nature font de l'ombre aux estivants. Devant, dans le lac des Deux Montagnes, les bateaux à voiles profitent du vent qui devrait bien, avec un peu de chance, être dans votre dos au retour.

▶ *Pour regagner Montréal, suivez le boulevard Gouin dans le sens contraire jusqu'à une rue transversale (Saint-Laurent, Saint-Denis, Christophe-Colomb, etc.), puis tournez à droite. Si vous désirez prendre le métro, la station la plus proche est Henri-Bourassa. Du boulevard Gouin, tournez à droite dans la rue Berri. La station est située 200 m plus loin, au coin de la rue Berri et du boulevard Henri-Bourassa.*

À Oka,
au gré des bois

> ››› 90 km aller-retour
> ⏱ 5-6 heures
> ⚲ Gros mollets

En plein été, quand la canicule s'installe et que l'air est lourd, on se prend à vouloir fuir la ville. Pour ça, nul besoin d'une voiture. À 45 km de Montréal, au bout de la banlieue nord de la métropole, se trouve le parc national d'Oka, petite oasis où planter sa tente et mouiller ses pieds.

Itinéraire *Aller-retour à partir de l'intersection des boulevards Saint-Laurent et Gouin (près de la station de métro Henri-Bourassa), en passant par le pont de l'Île-Perry, Laval, Deux-Montagnes, jusqu'à Oka.*

Ce parcours est le seul que nous vous proposons d'effectuer en deux jours, même s'il est possible de faire l'aller-retour en une seule journée. Le parc national d'Oka dispose en effet de centaines d'emplacements de camping où passer la nuit. À vous de décider, donc, si vous passerez la nuit sur le bord du lac des Deux Montagnes. Et si c'est le cas, n'oubliez pas votre tente...

Pas une balade pour les débutants!

Comme toute escapade au nord de l'île de Montréal, celle-ci débute sur le boulevard Gouin. Facile d'accès, le boulevard longe la rive nord de l'île et la rivière des Prairies. Vous pouvez donc le rejoindre par Papineau, Christophe-Colomb (où se trouve une piste cyclable) ou Saint-Denis. Vous n'avez qu'à emprunter ces rues vers le nord jusqu'à Gouin, où elles terminent toutes leur course. Nous partirons, quant à nous, de l'intersection des boulevards Saint-Laurent et Gouin, dans le quartier Ahuntsic.

1 ▶ ***Du boulevard Saint-Laurent, tournez à gauche (ouest) sur Gouin. Roulez environ 2,1 km** jusqu'au **pont de l'île Perry**, qui se trouvera sur votre droite.*

Le boulevard Gouin a accueilli l'une des premières pistes cyclables de Montréal. Libre à vous de l'emprunter, mais elle louvoie dans des rues secondaires, et nous vous conseillons de rester sur Gouin. Au départ, vous longerez brièvement le joli parc Nicolas-Viel. C'est juste à l'ouest de celui-ci et de la rue Waverly que se trouvait naguère le ruisseau Prévost, aujourd'hui asséché. Jacques Cartier l'aurait remonté en octobre 1535 pour découvrir le village iroquois d'Hochelaga, situé près du mont Royal. Longtemps, les historiens ont pensé que Cartier avait plutôt emprunté la rivière Saint-Pierre (maintenant le canal de Lachine), au sud de l'île. Mais une relecture de ses récits a tranché au profit de la rivière des Prairies.

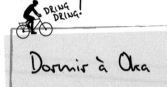

Dormir à Oka

Vous trouverez plus bas toute l'information pour camper au parc national d'Oka. Cette balade, qui comporte très peu de montées, devient à la portée de tous lorsque le kilométrage est réparti sur deux jours.

À quelques coups de pédales du parc, à mi-chemin entre le boulevard Saint-Laurent et le pont de l'île Perry, se trouve la **prison de Bordeaux**. Vous la remarquerez sur votre gauche par ses six ailes couronnées d'un dôme. Elle a été conçue par l'architecte Joseph-Omer Marchand, premier diplômé québécois de l'École des Beaux-Arts de Paris. Inauguré en 1912, le bâtiment de style beaux-arts peut accueillir 1189 détenus, ce qui en fait la plus importante prison au Québec.

2 ▶ ***Au pont de l'île Perry, passez les rails**, puis **tournez à droite dans la voie réservée aux piétons et cyclistes**. Notez que le chemin de fer qui traverse le pont est en activité; n'empruntez donc sous aucun prétexte cette voie.*

Le pont de l'île Perry surplombe ce petit bout de terre insulaire et enjambe la rivière des Prairies. Vous pourrez y admirer des rapides des deux côtés, et quelques pêcheurs du dimanche fort affairés. Lorsqu'il a plu, les lattes de bois du passage piétonnier deviennent très glissantes; ralentissez donc un peu. Ceux qui font l'aller-retour dans la journée ont souvent la chance d'admirer le coucher de soleil sur la rivière des Prairies. Une belle récompense pour cette randonnée de quelque 90 km.

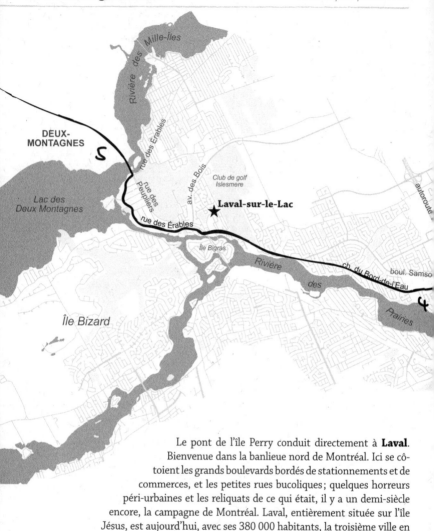

Le pont de l'île Perry conduit directement à **Laval**. Bienvenue dans la banlieue nord de Montréal. Ici se côtoient les grands boulevards bordés de stationnements et de commerces, et les petites rues bucoliques ; quelques horreurs péri-urbaines et les reliquats de ce qui était, il y a un demi-siècle encore, la campagne de Montréal. Laval, entièrement située sur l'île Jésus, est aujourd'hui, avec ses 380 000 habitants, la troisième ville en importance de la province, après Montréal et Québec. La construction, en 2007, de trois stations de métro à Laval a permis de relier davantage les deux îles.

3 ▶ *À Laval, prenez la première rue à gauche, soit le **boulevard des Prairies** – n'empruntez pas la piste cyclable, qui se perd en zigzags. Celui-ci deviendra le **boulevard Lévesque Ouest**, puis le **boulevard Samson**. Continuez tout droit.*

Dommage que les habitations bloquent l'accès à la rivière... mais ça reste bucolique quand même.

Ce passage éclair dans cette banlieue vous mènera à travers la partie sud de l'île. En arrivant sur l'île Jésus, vous serez dans **Laval-des-Rapides**, un quartier qui doit son nom à une série de rapides dans la rivière des Prairies. Le boulevard des Prairies est plutôt calme jusqu'au boulevard Lévesque. La rue s'élargit alors, et le trafic est plus dense, jusqu'à culminer, boulevard Samson. Là, vous devrez passer par-dessus l'autoroute 13. L'épreuve paraît plus périlleuse qu'elle ne l'est vraiment. Un passage cycliste est marqué dans la voie de droite, et les automobilistes sont habitués d'y voir des vélos. Si vous êtes craintif, passez à pied par le trottoir.

4 ▶ **Boulevard Samson**, vous passerez par-dessus l'**autoroute 13**. Après celle-ci, **prenez la première rue à gauche**, soit le **chemin du Bord-de-l'Eau**. Celui-ci devient la **rue Les Érables. Empruntez le pont** dans cette rue vers Deux-Montagnes. En tout, **vous roulerez 16,6 km** entre les deux ponts.

Le quartier cossu de Laval-sur-le-Lac est le plus riche du Québec.

Une fois dans le chemin du Bord-de-l'Eau, vous verrez Laval prendre des airs presque champêtres. Vous y roulerez jusqu'à une arche de pierre qui vous accueille à **Laval-sur-le-Lac**. Le chemin du Bord-de-l'Eau longe le lac des Deux Montagnes, auquel Laval-sur-le-Lac doit son nom. Dans cette rue, la richesse se décline sous la forme de maisons plus grosses les unes que les autres. Vous pourrez y admirer un mélange de style Tudor et des constructions rappelant celles de Frank Lloyd Wright. Cette particularité donne au quartier un aspect visuel à mi-chemin entre Westmount et Ville-Mont-Royal (deux villes cossues de l'île de Montréal). Juste après Laval-sur-le-Lac se trouve le pont que vous devez emprunter pour quitter l'île Jésus et regagner la terre ferme à Deux-Montagnes.

Attention aux trains!

S ▶ **À Deux-Montagnes** – *une fois le pont traversé –,* **une piste cyclable vous accueille. Suivez-la jusqu'au boulevard des Deux-Montagnes**, *que vous traverserez pour prendre la* **piste La Vagabonde**, *qui s'engouffre dans un boisé vers la gauche. Arrivé au coin du* **boulevard Des Promenades** *et du* **chemin d'Oka**, *allez rejoindre* **la piste droit devant vous**, *en diagonale de l'intersection. Elle vous mènera au* **parc d'Oka**.

Il n'y a pas si longtemps encore, la piste cyclable entre Deux-Montagnes et Oka était en pleine nature. Aujourd'hui Deux-Montagnes a pris de l'expansion, tout comme la petite banlieue de Pointe-Calumet, qui la borde à l'ouest. Près de ces deux banlieues, vous roulerez donc dans un boisé clairsemé. Mais tout de suite après Pointe-Calumet, la piste retrouve la forêt et longe un marais. Là, perdu pendant un instant dans les hautes herbes, vous oublierez que quelques kilomètres seulement vous séparent de Montréal... Puis la piste débouche sur la route 344, qu'elle longe jusqu'au **parc national d'Oka** (*intersection du boulevard des Collines et de la route 344; droit d'entrée 3,50 $; emplacement de camping à partir de 25 $*). À partir d'ici jusqu'à Oka, les épinettes et les sapins baumiers sont rois.

Au parc national d'Oka vous attendent kayaks, planches à voile, baignade, camping, etc.

Le parc national d'Oka est surtout célèbre pour sa plage sur le lac des Deux Montagnes, dans lequel on peut sans problème se jeter à l'eau. Longue de 7 km, on y loue des kayaks (11,19 $/h) et des planches à voile (16,68 $/h). Un café y vend des brioches parfaites pour un petit-déjeuner sur le bord de l'eau. Un centre de services permet d'ailleurs aux baigneurs de se mettre en maillot. Mais au-delà de la plage, son camping (891 emplacements) est le seul de la grande région de Montréal à faire partie du réseau des parcs nationaux. Les emplacements de la Sépaq sont en règle générale plus boisés et intimes que ceux des campings privés. Vous pourrez donc dénicher un site enchanteur à Oka, notamment dans la section de L'Anse.

Pour vous approvisionner, faites 1 km à l'ouest sur la route 344 afin de rejoindre le joli village d'Oka («poisson doré» en algonquin). Vous trouverez une **épicerie Métro** *(31 rue Notre-Dame)* sur le chemin qui mène du parc au village. Parmi les restaurants, qui ne sont pas légion à Oka, notons **Shand Thai** *(261 rue des Anges, 450-479-9957)*. Ce restaurant thaïlandais offre un menu correct, et sa terrasse, avec une superbe vue sur le lac des Deux Montagnes, vaut le détour.

C'est dans cette même rue que se trouve la charmante **église d'Oka** *(181 rue des Anges)*, érigée en 1878 pour remplacer celle que les Sulpiciens y avaient construite en 1733 dans le but d'évangéliser les Amérindiens de la région. Elle fait face au lac des Deux Montagnes et est un endroit parfait pour regarder le coucher de soleil tout en allongeant ses jambes fatiguées.

Ouf! Un peu de repos!

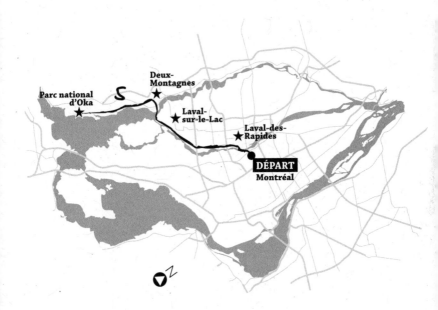

Index

A

Académie Querbes 14
Ancien hôtel de ville
   d'Outremont 40
Ateliers de réparation 10
Avenue Bernard 83
Avenue Clanranald 71
Avenue de l'Épée 81
Avenue Greene 18
Avenue Marcil 70
Avenue de Monkland 73
Avenue du Mont-Royal 76

B

Basilique Notre-Dame 28, 35
Basilique St. Patrick 42
Belvédère Kondiaronk 22
Bibliothèque nationale
   du Québec 36
BIXI 9
Bois-de-Saraguay 116
Boulevard Gouin 93, 115
Boulevard Saint-Laurent 56

C

Campus Loyola 72
Canal de Lachine 49, 90
Cap-Saint-Jacques 119
Centre Canadien
   d'Architecture 53
Chalet du Mont-Royal 22
Chapelle Notre-Dame-de-
   Bon-Secours 35
Cimetière Notre-Dame-
   des-Neiges 23
Cimetière protestant
   Mont-Royal 26
Circuit Gilles-Villeneuve 113
Couvent des Carmélites 59

D

Deux-Montagnes 124

E

Écluses de Saint-Lambert 31
École nationale de théâtre 59
Écurie du Service de police de
   la Ville de Montréal 23
Édifice Belgo 54
Église d'Oka 125

Église de la Visitation
   de la Bienheureuse-Vierge-
   Marie 94
Église Saint-Charles 64
Église Saint-Gabriel 64
Église Saint-Jean-Baptiste 79
Église Saint-Joseph 97
Église Saint-Léon 17
Église Saint-Michel-
   Archange 39
Église Saint-Pierre-Apôtre 36
Église Saint-Viateur 13, 39
Église Sainte-Cunégonde 66
Église Sainte-Geneviève 118
Église The Ascension ·
   of Our Lord 17
Estacade
   du pont Champlain 110

F

Ferme Outre-Mont 14
Fonderie Darling 62

G

Galerie de la Faculté des
   beaux-arts de l'Université
   Concordia (FOFA) 53
Galerie Simon Blais 58
Griffintown 60

H

Habitat 67 30
Hampstead 70
Hiver 9
Hochelaga-Maisonneuve 47
Hôtel de ville de Westmount 17

I

Île de la Visitation 95
Île des Sœurs 110
Île Notre-Dame 30, 113
Île Perry 121

L

Lac aux Castors 21
Lac des Deux Montagnes 124
LaSalle 89
Laval 122
Laval-des-Rapides 123
Laval-sur-le-Lac 124

Lieu historique national du
   Commerce-de-la-Fourrure-
   à-Lachine 90

M

Maison Dawson 32
Maison Décarie 70
Maison de l'architecture
   du Québec 55
Maison du meunier 95
Maison du Pressoir 95
Maison Gravel 15
Maison James-Monk 74
Maison Shaughnessy 53
Maison Smith 21
Maison Terroux 32
Marché Atwater 49, 64
Marché Jean-Talon 46
Marché Maisonneuve 48
Métro 8
Montréal-Nord 96
Mont Royal 19
Monument à Sir George-
   Étienne Cartier 20
Musée d'art contemporain 57
Musée Marguerite-
   Bourgeoys 35

N

Notre-Dame-de-Grâce 69

O

Oratoire Saint-Joseph 40
Outremont 13, 81

P

Parc-nature de l'Île-
   de-la-Visitation 94
Parc-nature de la Pointe-aux-
   Prairies 97
Parc-nature du Bois-
   de-Liesse 117
Parc-nature du Cap-
   Saint-Jacques 119
Parc Aimé-Léonard 96
Parc Armand-Bombardier 97
Parc Baldwin 77
Parc Beaubien 82
Parc de la Promenade
   Bellerive 101, 105

Parc de la Voie maritime de Saint-Lambert 32
Parc des Rapides 89
Parc du Mont-Royal 19
Parc Hampstead 72
Parc Jeanne-Mance 81
Parc Joyce 82
Parc King George 16
Parc La Fontaine 77
Parc Laurier 76
Parc Morgan 48
Parc national d'Oka 124
Parc national des Îles-de-Boucherville 106
Parc Nicolas-Viel 116
Parc Outremont 14, 82
Parc René-Labrosse 101
Parc René-Lévesque 90
Parc Saint-Georges 100
Parc Saint-Joseph 97
Parc Saint-Viateur 83
Parc Therrien 87
Parc Westmount 17
Parisian Laundry 66
Passerelle du pont Victoria 113
Pavillon Roger-Gaudry 15
Petite Italie 46
Petit Portugal 81
Piste Claire-Morissette 42
Piste cyclable de la rue Notre-Dame 49, 103
Piste cyclable de la Voie maritime 110
Piste cyclable des Carrières 47
Piste de la rue Clark 83

Piste de la rue Rachel 78
Place des Arts 57
Place Saint-Henri 65
Place Valois 47
Plage du Cap-Saint-Jacques 119
Plateau Mont-Royal 75
Pointe-Calumet 124
Pointe-Saint-Charles 62, 87
Pont-tunnel Louis-Hyppolite-La Fontaine 105
Pont Champlain, estacade du 110
Pont de la Concorde 30, 113
Pont Jacques-Cartier 32
Pont Victoria 31
Pont Victoria, passerelle du 113
Prison de Bordeaux 121

Q
Quartier chinois 56
Quartier des spectacles 56

R
Radio-Canada 103
Rue Clark 83
Rue Demers 84
Rue Drolet 80
Rue Favard 63
Rue Gilford 77
Rue Notre-Dame 98
Rue Ontario 47
Rue Rachel 77
Rue Saint-Viateur 58

S
Saint-Lambert 32, 112
Sainte-Catherine 112
Sainte-Geneviève 118
Sault-au-Récollet 93
Silo n° 5 29
Sir George-Étienne Cartier, Monument à 20
Société des arts technologiques (SAT) 56
Square Saint-Henri 66
Square Saint-Louis 80
Square Sir-George-Étienne-Cartier 65
Square Victoria 87

T
Théâtre Corona 67
Théâtre Denise-Pelletier 48
Théâtre Outremont 83
Tour de la Bourse 87

U
Ubisoft 58
Université de Montréal 15

V
Verdun 87
Vieux-Montréal 49
Voie maritime 108

W
Westmount 17
Westmount, Hôtel de ville de 17
Westmount Square 18

L'auteur

Né à Montréal, Gabriel Béland a appris à faire du tricycle, puis du vélo, dans les ruelles de la Petite-Patrie. Aujourd'hui journaliste pour un quotidien montréalais, il n'a pas de voiture et se déplace sur deux roues en toutes saisons. Intéressé par les enjeux de l'urbanisme et des transports, il anime le blogue «www.velomane.org». *Balades à vélo à Montréal* est son premier livre.

Encore d'autres facettes de Montréal à découvrir !

24,95 $ - 19,99 €

24,95 $ - 22,99 €

14,95 $ - 13,99 €

ULYSSE
www.guidesulysse.com